田战省◎主编

悠久的文化

祖先的遗产

吉林出版集团

北方妇女儿童出版社

图书在版编目（CIP）数据

悠久的文化/田战省主编. —长春：北方妇女儿童出版社，
2010.7（2017.7重印）
（祖先的遗产）
ISBN 978-7-5385-4788-7

Ⅰ.①悠… Ⅱ.①田… Ⅲ.①文化史—中国—通俗读物 Ⅳ.①K203-49

中国版本图书馆 CIP 数据核字（2010）第 128133 号

祖先的遗产
悠久的文化

主　　编	田战省
出 版 人	李文学
策　　划	刘　刚
责任编辑	师晓晖　刘　莉
开　　本	787mm ×1092mm　1/16
印　　张	10.5
版　　次	2010 年 10 月第 1 版
印　　次	2017 年 7 月第 6 次印刷

出　　版	吉林出版集团　北方妇女儿童出版社
发　　行	北方妇女儿童出版社
地　　址	长春市人民大街 4646 号
	邮编：130021
电　　话	总编办：0431-85644803
	发行科：0431-85640624
网　　址	http://www.bfes.cn
印　　刷	三河市燕春印务有限公司

ISBN 978-7-5385-4788-7　　　　　定价：39.80 元

前言

▶▶▶ Foreword

文化是人类生活的反映，活动的记录，历史的积沉，是人们对生活的需要和要求、理想和愿望，是人们的高级精神生活。它是人们认识自然，思考自己，是人的精神得以承托的框架。中华民族历史悠久，几千年来积淀了厚重的文化底蕴。这种文化不仅对中华民族的凝聚力的形成有着巨大的作用，也影响到了周边国家。所以，对于我们每一个中国人来说，了解中华传统文化、传承祖先辉煌遗产不仅是提高文化修养的途径，也是一种责任和义务。为此，我们撷取了中华文化中的精华，精心编撰了《悠久的文化》这本书。

《悠久的文化》包括了"百家争鸣""国学书院""精神传承""节日风俗"四部分。"百家争鸣"可以让你了解我国思想和文化史上最辉煌繁盛的局面；"国学书院"让你沉浸在意味隽永的国学著作中；"精神传承"让你深深感动于伟大的中华民族精神；"节日风俗"让你领略华夏儿女淳朴的民风。一段段优美的文字，一幅幅精彩的画面，伴你在文化的海洋中尽情遨游。

为我们的祖先自豪吧！我们要用一颗真挚的心来享受这悠久而灿烂的文化，并珍惜祖先留给我们的伟大财富。

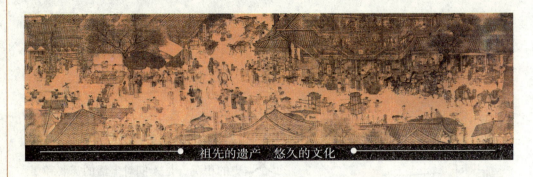

祖先的遗产 悠久的文化

目录
Contents

经典教材

诸子之言

史学大观

精神传承

中华民族精神

节日风俗

中国传统节日

民间信俗

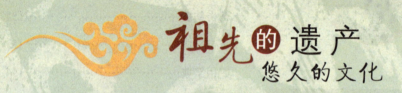
祖先的遗产
悠久的文化

百家争鸣

学术史上空前繁荣的景象，
思想史上争奇斗艳的盛况，
这就是历史上著名的百家争鸣。
历史的车轮滚滚向前，
诸子百家的思想与天地争，
留给后人无限遐思。

> 儒家是中国古代最有影响的学派。

先秦学说 >>>

→ 春秋战国是我国历史上思想和文化最为辉煌灿烂的时代，这一时期出现了诸子百家相互争鸣的学术局面，在我国以孔子为代表的儒家、以老子为代表的道家、以墨子为代表的墨家等，形成了中国历史上盛况空前的学术局面。先秦学说奠定了整个封建时代文化的基础，对中国古代文化有着非常深刻的影响。

儒家

在今天，如果提及儒家，可谓无人不知，无人不晓。在中国历史上，没有任何学术思想的影响力能够与儒家思想相媲美。儒家思想又称儒学，也有人认为它是一种宗教并称之为儒教。"儒"字本是古代对学者的尊称，不过，今天的人们已普遍接受《说文解字》中的解释，认为"儒"即"学者"之意。

自儒家思想创立以来，不同时代对儒家思想的解读有很大不同，因此要对儒家思想下一个全面的定义是很难的。儒家思想基本分为"内圣"与"外王"，即个人修养与政治主张两类。儒家注重个人修养，《礼记·大学》里有"心正而后身修，身修而后家齐，家齐而后国治，国治而后天下平"的经典名句，后

孔子像。孔子在世时，虽已名声在外，但是真正的为世人所敬仰是在西汉的时候。汉武帝"罢黜百家，独尊儒术"的政策，使儒家思想成为封建社会的正统思想。

人把它总结为"修身、齐家、治国、平天下"这句话，即以自我完善为基础，通过治理家庭，直到平定天下，这是几千年来儒家传统知识分子的最高理想。在政治上，儒家主张"仁政""王道"以及"礼制"。孔子的"君事臣以礼，臣事君以忠"、孟子的"民为重，社稷次之，君为轻"、荀子的"从道不从君，从义不从父，人之大行也"等是儒家政治学的代表性主张。

儒家思想是中国专制文化的主体，保存了丰富的民族文化遗产，是我国乃至世界最宝贵的精神财富。千百年来，儒家思想对中华民族的政治、经济、文化等领域产生了难以估量的影响，而且对东亚各国也产生了

被后人尊称为"万世师表"的人是谁？孔子。

你知道吗

🍂 孔子创立儒学学说后，希望有王者采用他的学说治国，于是率弟子周游列国，四处游说，但却四处碰壁，未受重用。上图为《孔子圣迹图》，描绘的正是孔子周游列国，游说诸王的典故。

广泛影响。

孔子是儒家学派的创始人，名丘，字仲尼，春秋末期鲁国陬邑（今山东曲阜）人。孔子是我国古代最伟大的思想家和教育家。他的理论的核心是"仁"，他认为"仁"就是要爱人、待人宽容，人与人之间要和睦相处。为此，他提出了"己所不欲，勿施于人""克己复礼"等主张。孔子一生从事教育活动，被称为"万世师表"。他首创私人教学，主张"有教无类"，认为不分贫富、贵贱，人人都有受教育的权利。孔子弟子众多，有"弟子三千，贤人七十"之誉，最有名的弟子有颜回、子贡、子路等。在政治方面，孔子主张"为政以德""节用而爱人"。这种思想体现了民本思想和人道精神。

儒家学派另一个代表人物——孟子，与孔子并称"孔孟"。孟子，名轲，字子舆，战国时期邹国人，是孔子的嫡孙子思（名孔伋）的弟子。孟子在人性问题上提出"性善论"，认为人在本性上是同一的；在政治上，孟子继承和发展了孔子的思想，主张"仁政"，提出"民为贵，社稷次之，君为轻"的主张。

继孔子和孟子之后，儒家学派另一位有影响的代表人物是荀子。荀子，名况，字卿。在政治方面，他主张"仁义"和"王道"，提出了"以德服人""水则载舟"等主张。在哲学方面，荀子认为"天行有常"，主张"制天命而用之"。在人

奇趣
事实

> 《道德经》是中国历史上首部完整的哲学著作。

性方面,荀子提出了著名的"性恶论",常被与孟子的"性善论"作比较。

道家

道家思想起源于春秋末期,但用"道"一词来概括道家学派是由汉初开始的。最初,道家在先秦学说中具有重要地位,但是汉武帝独尊儒术后,道教从此不再是中国的主流思想。直到魏晋时期,道教才又恢复了生命力。此后,道家思想逐渐渗透在中国文化的各个方面。

道家的核心是"道",认为"道"是宇宙的本源,也是统治宇宙中一切运动的法则。在哲学思想上,道家从天道运行的原理侧面切入,开展了以自然义、中性义为主的"道"的哲学。在人性方面,道家重视人性的自由与解放,提出了"为学日益、为道日损""修之于身,其德乃真"等思想。此外,道家提出了一些著名的养生思想,如,"清静无为""返璞归真""顺应自然"等,对中医学和养生学产生了重要影响。道家思想的主要流派有:老子、庄子和黄老学派。

道教的创始人是老子,所以道教奉老子为教主,老子的《道德经》也被奉为道

明·张路《老子骑牛图》

教的经典。老子姓李,名耳,字聃,也称老聃。老子认为,天地万物都由"道"而派生,即所谓"一生二,二生三,三生万物",任何事物都是法"道"而行,最后回归自然。老子的主张对

老子像。老子是道家学派的创始人,主张无为而治,其学说对中国哲学的发展有深刻影响。

庄子被唐玄宗封为什么？南华真人。

《庄子·齐物论》中有这样的话："昔者庄周梦为蝴蝶，栩栩然蝴蝶也，自喻适志与！不知周也。"这句话是说，有一天庄子做梦，梦见自己变成了蝴蝶，梦醒之后发现自己还是庄子，于是他不知道自己到底是梦到庄子的蝴蝶呢，还是梦到蝴蝶的庄子。如今，"庄周梦蝶"已成为一个著名的典故。

中国的哲学、科学、政治、宗教等产生了深刻影响，所以老子是道教的创始人的说法一直广为流传。

老子的一生充满了传奇色彩，关于他有许多有趣的传说，相传他母亲怀了九九八十一年的身孕，从腋下将他生出，老子一生下来就是白眉毛白胡子，所以被称为"老子"。老子博学多才，据说孔子游历时曾向他请教。老子晚年乘一头青牛西去，在函谷关写成了《道德经》。所以，青牛也成了老子的代名词，老子又被称为"青牛翁"。

庄子，名周，字子休，我国著名的思想家、哲学家、文学家。有关庄子的生平事迹历史资料不多，生卒年月更是难以确定。最早记载庄子事迹的是司马迁的《史记》，上面说庄子"与梁惠王、齐宣王同时"，后世据此推断，庄子的生卒年代是周烈王七年至周赧王二十九年，即公元前369年—前286年。庄子曾经做过漆园的小吏，生活很穷苦。他一生淡泊名利，主张修身养性，清静无为，顺应自然，追求精神逍遥无待，一直过着深居简出的隐居生活。据《史记》记载："楚威王闻庄周贤，使使厚币迎之，许以为相。"可是庄子并未接受，"宁游戏污渎之中自快，无为有国者所羁，终身不仕"。

庄子的学说涵盖了当时社会生活的方方面面，但根本精神还是归依于老子的哲学。所以，后世将庄子与老子并称为"老庄"，把他们的哲学称为"老庄哲学"。庄子的思想与老子的思想一样，都具有朴素的辩证法因素，其主要思想是"天道无为"，认为一切事物都在变化，他否定一切事物的本质区别，否定现实，具有唯心主义和宿命论的色彩。

《梦蝶图》，元代刘贯道画。此图取材于"庄周梦蝶"的典故，这则寓言是表现庄子齐物思想的名篇。在这篇寓言里，庄子认为，人们如果能打破生死、物我的界限，则无往而不快乐。

> "兼爱"和"非攻"是墨子思想的核心。

庄子继承了老子"天道自然无为"的思想，但做了更大的发挥。他认为"道"是"先天地生"，无始无终，实有而无形，自然而永恒。世界是人的主体观念的产物。他主张从事物的不同角度认识事物，但又否定是非标准和客观真理，他的认识论是从相对主义走向虚无主义。

墨家

墨家与儒家在春秋与战国嬗递之际并称超越诸子百家的"显学"。墨家理论的进步性和影响力远在道、法诸家之上，某些方面甚至超过儒学。然而，到了秦汉之际，墨家已急趋衰微，墨子的影响日渐减小，墨家学派几经肢解，并最终淡出历史舞台。直到清代中叶，在近代思潮的启迪下，一部分学者从被遗忘的角落搜寻、发掘出墨学的残迹，加以整理和研究，绝迹了两千余年的墨学才渐渐复苏。

墨子（约前 468—前

墨子画像。墨子创立的墨家学说在当时影响很大。

376）是墨家的创始人，名翟，我国战国时期著名的思想家、教育家、科学家、军事家、社会活动家和自然科学家。关于墨子的里籍、生平，现存史料很少，可考据的只有《史记·孟荀列传》的寥寥 24 个字："盖墨翟宋之大夫，善守御，为节用，或曰并孔子时，或曰在其后。"学者通过研究认为，墨子可能是山东滕州人，曾经从师于儒者，学习《诗》《书》《春秋》等儒家典籍。但后来逐渐对儒家繁琐礼乐感到厌烦，最终舍掉了儒

学，形成了自己的墨家学派。

墨家是一个有领袖、有学说、有组织的学派，他们有强烈的社会实践精神。创造和追随墨家思想的人被称为墨者。墨者多出身下层农民和小手工业者，他们有着无私奉献的精神，对社会有着深厚的、难为平常人所理解的爱。墨者们吃苦耐劳、严于律己，把维护公理与道义看做是义不容辞的责任。墨者的领袖被称为巨子，墨者必须服从巨子的领导，一旦违纪，就要执行"墨者之法"。例如，《吕氏春秋·去私篇》有这样的记载，巨子腹的儿子杀了人，虽然得到秦惠王的宽恕，但巨子腹仍坚持"杀人者死"

知识讲堂

从古到今，我们一直把学问分为显学和隐学。"显学"一词始见于《韩非子》，它不仅指盛行于世而影响较大的学术派别，更是指文化内涵丰富、学术价值较高的学问。比较著名的显学有儒学、墨学、红学、敦煌学等。

中国逻辑学的奠基者是谁？墨子。

你知道吗

的"墨者之法"，让其子服法。

与其他先秦学说相比，墨家的可贵之处在于墨学不是书斋之学，而是在百家争鸣中，在自己的艰苦实践中所形成和发展起来的。因此，墨学的显著特点是寓存立于一体。墨学的社会伦理思想以兼爱为核心，提倡"兼以易别"，反对儒家所强调的社会等级观念，用"贵义""兼相爱，交相利"来规范人们的为人准则。在政治方面，墨学反对贵族专政和封建割据，用"一同天下之义"来统一思想，墨家强调的"一统"思想为中国历代统治者所重视。在军事方面，墨家极力反对侵略战争或兼并战争，主张用防御战争反对侵略战争，实现"武装和平"。在经济方面，墨学理论涉及生产、流通、消费等各个环节，认为发展生产的目的在于"利民"，这是非常进步的思想。在科学技术方面，墨学在诸子百家中可谓独树一帜，内容涉及天文、几何、物理、化学、数学、测量等多项技术领域，体现了我国古代劳动人民的伟大智慧。

总体来说，墨学质朴而浩瀚，其内容既包括社会科学，也包括自然科学。尤为值得一提的是，墨学在科学技术方面的成就在诸家中可谓独树一帜。在几何学中，初步提出了点、线、面的定义，力学中的"力者刑之所动也"的原理，即是牛顿力学基础之一，比牛顿早两千多年，这不能不让人惊叹。在逻辑学中，提出了认识论上的"本、原、用"三表法，墨家主张立论要有根据和查实。此外，还提出了思维的理由及同异两大原则等，奠定了辩学的基础。

如今，墨家思想中的合理内核已被公认为中华民族甚至世界思想文化史上的骄傲，是一份亟待开发的丰富而宝贵的文化遗产。

墨子一直反对战争，但为了帮助战争中的弱者，他对守城防御工具也颇有研究。上图为与墨子同时的公输班发明的攻城具云梯。

> 法家思想集大成者是战国时期韩国的韩非子。

法家

在先秦诸子中,针对社会问题,儒家提倡"仁爱",墨家主张"兼爱",而道家提倡"无为"的思想。三家激烈争论,但他们思想的共同点是主张回到过去。这些思想都过于理想化,不切合实际。此时,有一个主张面对现实的学派横空出世,这就是法家。

法家重视法律,反对儒家的"礼",认为维护贵族

儒家历来重"礼",而"礼"也是儒家思想的重要内容之一。法家却反对"礼"制,重视法律。法家思想的一个重要特征,就是它大力提倡法的权威性和拘束力,强调人民、官员,甚至国君都应该守法和依法办事。上图为孔子画像砖。

特权的礼制是落后的、不公平的。法家强调"以法治国",即国家用一套由中央统一制定的法律制度来治理国家,以清晰明确、有典章可循的法律来取代模糊的血缘伦理。在经济上,法家倡导废除世族封地,由中央统一管理土地和赋税。在政治上,法家主张中央在地方推行郡县制,郡县长官由中央统一选拔调拨,由君主直接任命。在文化上,主张统一文字,这样便于中央与地方的交流,强化了中央的统治。这些都是法家的进步思想,但法家也有一些不足之处,如极力夸大法律的作用,强调用重刑来治理国家等。

关于法家的创始人,历史上一直说法不一。有人认为,儒家学派的大师荀子是法家的创始人。荀子主张尊王道、举贤能、兼称霸力、法后王,不迷信天道鬼神而强调人的能动性。这些思想具有唯物主义的思想成分。也有人认为,法家的创始人是齐国人管仲。管仲注重经

韩非子,战国末期韩国(今河南省新郑)人,是中国古代著名的哲学家、思想家、政论家和散文家。他继承并发展了法家思想,成为战国末年法家之集大成者,被后世称为"韩子"或"韩非子"。

济,反对空谈主义,主张改革以富国强兵。

春秋战国时期法家的代表人物有商鞅、慎到、申不害、韩非子等人。商鞅、慎到、申不害分别提倡重法、重势、重术的思想,这三种思想各具特色:法是指健全法制,势指的是君主的权势,术是指的驾驭群臣、掌握政权、推行法令的策略和手段。其中,商鞅变法是非常值得一提的。秦孝公即位以后,决心图强改革,任命商鞅为左庶长,开始变法。商鞅提出了废井田、重

法家法治思想体系的奠基者是谁？商鞅。

农桑、奖军工、实行统一度量和郡县制等一整套变法求新的发展策略。经过商鞅变法，秦国的经济得到发展，军队战斗力不断加强，逐步发展成为战国后期最富强的封建国家。商鞅著有《商君书》传世，被奉为先秦法治理论的宣言。

慎到是战国时期赵国人，原为道家，后来成为法家的代表人物。齐宣王时，他长期在齐国讲学，对于法家思想在齐国的传播作出了贡献。慎到著有《慎子》，大部分篇章都已散佚，流传下来的只有七篇。申不害是战国时期韩国人，亦称申子。申不害的学术思想明显受到道家影响，他遵循老子的大统一哲学。申不害以"术"著称，他的术分为两类：一类是控制术，即规定职责、考校监督。另一类是阴谋术，即耍手腕、弄权术。

法家思想集大成者是

知识讲堂

法家思想集中体现在以下几个方面：一、反对礼制。二、强调法律的作用。三、提出"好利恶害"的人性论。四、提出"不法古，不循今"的历史观。五、提倡"法""术""势"相结合的治国方略。

荀子的弟子韩非子，他的思想主要体现在著作《韩非子》中。战国末年，群雄割据的政治局面已向大一统的君主集权发展。韩非子顺应了这一历史潮流，总结了先秦诸子的思想成果，提出了一整套适应时势的政治理论，促进了历史的划时代转变。韩非子的思想涉及到政法、哲学、社会、军事、教育、文艺等各个领域，但就其主体而论，则是他的政治思想。韩非子的政治思想就其性质来说，是一种纯粹的君主独裁论，也就是古人称道的"帝王之学"，这种"帝王之学"的要点就是法、术、势兼治的专制论。

商鞅雕像。法家的思想在春秋战国时期的秦国最被重视，秦国的商鞅变法就是一个重要的实践。秦孝公重用商鞅"弃礼任法"，实行"法治"而使秦一跃为七国中实力最强的国家并最终实现了"六王毕，四海一"的伟业。

奇趣事实

＞孙武是东方兵学的鼻祖。

兵家

兵家是指研究军事理论，从事军事活动的学派。《汉书·艺文志》把兵家分为兵权谋、兵阴阳、兵形势、兵技巧四类，即著名的兵家四派。兵家把政治、经济、军事、天文、地理等各种客观因素作为决定胜负的条件，并把它们看成是相互关联的统一整体；同时，又把战争主观指导，即主体的决策、指挥、组织、运筹等军事理论素质作为一项基本因素，并由此而引出争取战争胜利的一系列战法。

兵家的主要代表人物有春秋时期的孙武、司马穰苴，战国时期的孙膑、吴起等。

孙武是春秋末期杰出的军事家，齐国人，字长卿。孙武自幼研习兵法，青年时代就已有很深的造诣。公元前506年，他随同吴王率师西进攻楚，五战皆胜，攻入楚都郢（今湖北江陵），北威齐、晋，南服越人，显名诸侯。从此，孙武与伍子胥共同辅佐吴王，使吴国很快发展成为强国。孙武主张改革政治，强调战争是关系军民生死、国家存亡的大事，应认真地对待和研究。根据战争的规律，他制定了比较系统的战略战术原则，如合理用兵、灵活主动、出奇制胜等，其著作《孙子兵法》是我国最早最杰出的兵书，闪耀着朴素辩证法思想的光辉，在世界军事史上享有很高声誉。

《孙子兵法》又称《孙武兵法》《吴孙子兵法》，其内容博大精深，思想精邃富赡，逻辑缜密严谨。全书共分13篇，约6000字，主要

孙武演兵图

我国现存最早的兵书是什么？《孙子兵法》。

你知道吗

论述了军事学的主要问题，对当时的战争经验进行了总结，提出了一些著名的军事命题，并且揭示了一些具有普遍意义的军事规律。从语言风格上来说，其文字苍古雄劲，类似《道德经》的风格。每篇都由若干条与主题相关的格言语录组成，结构比较松散，每条格言语录都有较强的独立性。可以说，《孙子兵法》是一种介于格言语录和说理散文之间的文体。

《孙子兵法》关于战略的论述，可以说是中国古代兵家管理思想中内容最丰富的，它所揭示的许多带有规律性的原则至今被奉为经典。许多名言已成为脍炙

知识讲堂

中国历代都有一些著名的兵书，北宋神宗元丰年间，把《孙子》《尉缭子》《吴子》《司马法》《黄石公三略》《六韬》《唐太宗李卫公问对》这七本兵书定为武学教材和武举考试必考科目。这七本书合称为《武经七书》，是我国古代最著名的兵法集合。

人口的管理格言，诸如"知彼知己，百战不殆，知天知地，胜乃可全""居安思危""有备无患""先计后战""远交近攻""攻其无备、出其不意""避实击虚""以众击寡""兵贵胜、不贵久""兵贵神速""兵贵其和，和则一心""三军可夺气，将军可夺心"等。这些著名的兵家管理格言运用的一些基本原则给人以深刻的启示。

孙膑原名孙伯灵，齐国人，孙武的后世子孙，生活在战国中期。他曾与魏国人庞涓一起师从鬼谷子学习兵法。后来庞涓在魏国当了将军后，因嫉妒孙膑的才华，便秘密约孙膑至魏，借故施以膑刑，"孙膑"之名因此而得。后来，孙膑在齐国使臣的帮助下，秘密回到齐国。经田忌推荐给齐威王，被任命为军师，打了许多胜仗，其中最为著名的就是"围魏救赵"。

孙膑的战争观点是主张以兵禁争夺，"举兵绳之""战胜而强立，故天下服矣"，即以战争解决问题的

思想。他在肯定战争不可避免的同时，又主张对战争持慎重态度。他和孙武一样，深知战争的利害关系，他强调"有义"，即在政治上站得住脚，才有进行战争的正当理由。

《孙膑兵法》是孙膑流传千古的军事著作，与《孙子兵法》齐名。但是，这部著作约在东汉末年就已失传。考古学者于1972年在山东临沂发现了《孙膑兵法》的出土残简，这才使这部伟大的兵书重见天日。残简约有11000字，对于后世研究孙膑的兵家思想提供了宝贵资料。

孙膑像。孙膑是战国时期著名的军事家，著有《孙膑兵法》。

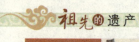

奇趣事实

> 纵横家是以从事政治外交活动为主的学派。

纵横家

纵横家出现于战国至秦汉之际，多为策辩之士，所以，有很多人认为纵横家是中国最早、最特殊的外交政治家。纵横家的产生与当时的割据纷争、王权不能统一有很大的关系。战国时，弱国联合起来进攻强国，称为"合纵"；随从强国去进攻其他弱国，称为"连横"。当时专以纵横分合之策游说诸侯、从事政治外交活动的谋士，被称为"纵横家"。纵横家的主要代表人物有鬼谷子、张仪、苏秦等。

一般认为，纵横家的创始人是鬼谷子，卫国人，其真实姓名已不可考，后世普遍认为他姓王名诩。鬼谷子擅长修身养性，经常进入梦云山采药修道，因隐居清溪鬼谷，所以得名。

鬼谷子是一位富有传奇色彩的人物，他精通纵横术、兵法、武术以及一些奇门法术，被后世誉为旷世奇才。鬼谷子曾任楚国宰相，后归隐卫国授徒。鬼谷子招收徒弟从不挑剔，但是，他的学问不是每个人都能学会的，据说只要学会一门便可以纵横天下。鬼谷子的主要著作有《鬼谷子》及《本经阴符七术》，《鬼谷子》侧重于权谋策略及言谈辩论技巧，《本经阴符七术》则集中于讲养精蓄锐之道。

相传鬼谷子有两个有名的弟子，一个是张仪，一个是苏秦。张仪是连横派的主

苏秦虽出身贫寒，但胸怀大志。为了成就自己的事业，他以"头悬梁，锥刺股"的精神刻苦学习，最终成为战国时期有名的纵横家之一。

被誉为"纵横家之鼻祖"的人物是谁？鬼谷子。 **你知道吗**

战国中期以后，秦国的势力最强大，合纵就是指齐、楚、燕、韩、赵、魏六国联合抗秦，连横就是指这些国家中的某几国跟从秦国进攻其他国家。古代以南北为纵，东西为横。六国地连南北，所以六国联合抗秦称为"合纵"，秦地偏西，六国居东，所以六国服从秦国称为"连横"。

要代表，苏秦是合纵派的主要代表。张仪，魏国大梁人，魏国贵族后裔。秦惠文君九年（前329年），张仪入秦，凭借出众的才智被秦惠王任为客卿，次年被任命为相国。他是秦国置相后的第一任相国，位居百官之首。张仪曾游说魏惠王，不用一兵一卒，使得魏国把上郡15个县献给秦国。秦惠文君十三年（前325年），张仪又率军攻取魏国的陕县（今河南陕县）。这样，黄河天险为秦所占有，秦国的势力更加强大。同年，张仪辅佐秦惠文君称王。秦惠王卒后，其子秦武王即位。张仪因对秦武王不满，离秦

赴魏，于秦武王二年（前309年）卒于魏。

苏秦，字季子，东周洛阳人。他出身农家，怀有大志。据说，他师从鬼谷子学成之后，出游数载，一无所长。于是，他深刻反思后，认为自己是因为读书不精所以才不能够学以致用。于是，他闭门不出，每天勤奋苦读，每逢困乏之时，便用锥自刺其股。这便是成语"悬梁刺股"中之"刺股"的由来。

苏秦重新出游后，正值

燕昭王广纳天下之士，苏秦入燕，深受燕昭王信任。他奉燕昭王命入齐，从事反间活动，使齐疲于对外战争，为燕争取机会攻齐。齐湣王末年，苏秦被任为齐相。秦昭王约齐湣王并称东西帝，苏秦劝说齐湣王取消帝号，和赵国李兑一起约五国攻秦，齐湣王采纳了他的合纵之术。五国合纵攻秦后，迫使秦国废除帝号，并归还了

▼ 苏秦合纵图。根据苏秦的意见，东方六国可以联合起来对抗西方的秦国，这就是"合纵"。

■ 战国七雄
—— 合纵
—— 连横

> 惠施和公孙龙是名家最著名的代表人物。

知识讲堂

名家的地位与对后世的影响均不及儒、墨、道、法诸家重要，但它在战国中期却是一个非常活跃的学派，标志着中国古代逻辑学达到了相当的高度。惠施的十大论题和公孙龙的"白马非马"一直是后世争论的焦点。

侵占韩国、魏国的部分土地。后来，苏秦在齐国遇刺重伤，死前向齐王出计，在他死后以谋乱之罪将他车裂，齐王依计而行，抓住了那个刺客。《汉书·艺文志》著录有《苏子》31篇。马王堆汉墓出土的帛书《战国策》存有苏秦游说辞及书信16篇，可供后世参考。

名家

名家是先秦时期以思维的形式、规律和名实关系为研究对象的学派，战国时称"刑名家"或"辩者"，西汉时始称"名家"。所以，作为思想流派而言的"名家"与现代汉语中"名家"的意义完全不同。这个"名"不是出名的意思，而主要是指事物的名称、概念。

名家的萌芽产生于春秋末期，它的产生是有一定的历史渊源的。自儒家、墨家以后，各家几乎都提出了"正名"的要求，他们关于名实问题的看法，都带有政治和社会论理的色彩。名实问题的争论，逐渐发展到关于认识论和逻辑学的探讨，从而形成了名辩思潮。于是，名家就产生了。作为一个学派，名家并不是因为有共同的政治思想和哲学观点，而在于他们都以"名"作为研究对象。名家根据观点不同，又分为若干派别，其

邓析像

邓析不仅是一个政治家，还是一个大胆的革新家，他发明了当时生产条件下最先进的农具——桔槔。

中主要有"合同异"派和"离坚白"派。所谓"合同异"，即认为万物之"同"与"异"都是相对的，都可以"合"其"同""异"而一体视之；所谓"离坚白"，就是认为一块石头用眼只能感觉到它的"白"而不能感觉到它的"坚"，用手只能感觉它的"坚"而不能感觉它的"白"。因此"坚"和"白"是分离的、彼此孤立的。

名家的代表人物有邓析、惠施、公孙龙等。邓析被认为是名家的先驱者，他是郑国大夫、"名辩之学"的创始人。邓析的思想主要表现在两方面，一是他反对

旧的奴隶主贵族和以子产为代表的继承周礼的新贵族，私下编了一部适应新兴地主阶级要求的成文法，即"竹刑"。二是他私家传授法律，聚众讲学，还帮助民众打官司。在邓析思想的影响下，郑国出现了一股新的思潮。

惠施（前390—前317）是宋国人，"合同异"派的代表人物。惠施是合纵抗秦的最主要的组织人和支持者。他主要活动在魏国，曾任魏相15年，并促成魏、齐二王会于徐州，互尊为王，开六国称王局面。

惠施博学多才，能言善辩，深得魏惠王赏识。他和庄子关于鱼乐能不能被人知道的濠上之辩，是很著名的辩论。惠施死后，庄子认为再也没有可以辩论的知音了。

惠施的学说散见于《庄子》《荀子》《吕氏春秋》等书中。其中，《庄子·秋水》中记载了惠施著名的十个论题，被称为"惠施十事"。这十个论题主要是对自然界的分析，其中有些含有

▲ 公孙龙像

辩证的因素，历来为后世所争论。

公孙龙（约前325—前250），赵国人，字子秉。他曾在平原君赵胜家当门客，反对诸侯间兼并战争。他还先后游说赵惠文王、燕昭王"偃兵"。

公孙龙的哲学思想不像惠施那样强调"实"是相对的、变化的，而强调"名"是绝对的、不变的。"白马非马"是公孙龙的成名命题，典型地反映了他在逻辑问题上的态度。其《白马论》说："马者。所以命形也；白者，所以命色也。命

色者非命形也。故曰：白马非马。"

公孙龙先指出色不是形，"白"不是"马"。然后，又进一步提出"白马"是"马"加"白"，即"马"加了一个不是马的东西。那么，既然马已加上了一个不是马的东西，就不再是"马"了。所以他进一步强调："故白者，非马也。白马者，马与白也，白与马也。故曰：白马非马也。"

"白马非马"展现了公孙龙的诡辩之才，虽然有一定的合理性和开创性，也符合辩证法讲的个别与一般相区别的原理，更有纠正当时名实混乱的作用。但是，他沿着同样的原理随后提出的"鸡三足""火不热"等辩说确有走火入魔之嫌，已坠入"诡辩"的深渊中。在我们今天看来，这个论题割裂了个别和一般的联系，陷入了绝对主义的泥潭。

阴阳家

阴阳家是战国时期提倡阴阳、五行说的学派，所

阴阳家

> 阴阳家的思想主要源于儒家和儒家所推崇的"六经"。

知识讲堂

"阴阳"的概念,最早见于《易经》,"五行"的概念最早见于《尚书》,到战国时代,阴阳和五行渐渐合流,形成了一种新的学派,即阴阳家。后世普遍认为,驺衍是阴阳家的创始人,他创立的"五德终始"之说,对后世影响深远。

以也称"阴阳五行学派"或"阴阳五行家"。司马谈在《论六家要旨》中把阴阳家列为六大学派之首,《汉书·艺文志》也将它列为"九流十家"之一。由此可见,阴阳家在诸子百家中的影响之大。但是,汉武帝罢百家后,阴阳家的部分思想融入了儒家思想体系,部分内容也为原始道教所吸收,作为独立学派的阴阳家便不存在了。

▶ 驺衍的"五德终始"说不仅在当时受到重视,而且对后世的学术和政治也产生了重大影响。秦始皇统一六国后,根据驺衍"水德代周而行"的论断,进行了一系列符合水德要求的改革,以证明其政权的合法性,遂成为"五德终始"说的第一个实践者。

阴阳家的思想是一个科学和巫术混杂在一起的矛盾体系。他们从实践中积累了丰富的有关阴阳消长和五行相生相克的资料,这些资料具有朴素辩证法思想;但是,他们在说明世界的统一性时,又往往把自然和社会混同起来,用自然的天象变化来隐喻人事的旦夕祸福,宣传天人感应的神秘主义思想,这种思想明显具有巫术性质。值得肯定的是,阴阳家积累的有关天文、历法、气象和地理等知识具有一定的科学价值。

阴阳家最著名的代表

人物是驺衍。驺衍(约前305—前240),齐国人,最初学习儒术,后改攻阴阳五行学说。他的"五德终始"说和"大九州"说,适应当时的大一统趋势。驺衍认为,从天地剖判以来的人类社会都是按照五德(即五行之德)转移的次序进行循环的。人类社会的历史变化同自然界一样,也是受土、木、金、火、水五种物质元素支配的,历史上每个王朝的出现都体现了一种必然性。"大九州"说试图将宇宙各部分连贯为一个整体,认为"赤县神州"中国内有九州;而九个中国这样的州组成"大九州",外有小海环绕;九个"大九州"外有大海环绕,再往外就是天地的边际。尽管驺衍只是根据自己的想象提出的这一观点,并没有什么科学依据,但在科学技术不发达的古代,这个观点已经具有十分进步的意义了。

杂家

杂家是产生于战国末

期的一个综合性学派，它在诸子百家中是很鲜明的一派，以博采各家学说见长。杂家虽然只是集合众说，兼收并蓄，然而通过采集各家言论，贯彻其政治意图和学术主张，所以自成一家。杂家的产生，大体上反映了战国末期学术文化融合的趋势。杂家的代表人物是秦相吕不韦。

吕不韦（约前290—前235），卫国人，曾在韩国经商，积累了万贯家财。在赵国都城邯郸遇见了在此做人质的秦国公子子楚，认为"奇货可居"。他数次入秦游说华阳夫人，促使秦孝文王立子楚为太子。子楚继位后，即秦庄襄王，吕不韦被任命为相国。他任秦相期间，招揽门客约三千余人，并亲自参与其间，历时近十年，编成了《吕氏春秋》。《吕氏春秋》汇合了先秦各派学说，"兼儒墨，合名法"，故史称"杂家"。

《吕氏春秋》又称《吕览》，约成书于公元前239年，全书分为十二纪、八览、六论，共26卷，160篇。《吕氏春秋》吸取了儒家的德治、仁政学说，强调人君"以爱利民为心"；吸取道家贵生、清净无为的思想，主张统治者节欲、养生；吸取了法家"因时变法"、重视耕战和赏罚必信

据说《吕氏春秋》编撰完后，为了精益求精，吕不韦请人把全书誊抄整齐，悬挂在咸阳的城门，声称如果有谁能改动一字，即赏给千金。于是人们蜂拥前往，却没有一个人能对书上文字加以改动。这便是"一字千金"的故事。

的思想；吸取了阴阳家的"五德终始"学说，主张以德治为主，兼用法治等。此外，《吕氏春秋》还收录许多天文、医学、农学等知识，具有重要的史料价值。

吕不韦像。他曾辅佐秦始皇登上王位，任秦朝相国。组织门客编写了著名的《吕氏春秋》。

奇趣事实

> 农家的特点可以用四个字来概括，即"所重民食"。

农家

农家是战国时注重农业生产的学派。农家非常重视农业技术，主张推行耕战政策，奖励发展农业生产。《汉书·艺文志》将农家列为"九流十家"之一，并著录了其代表人物和著作，如《神农》20篇、《野老》17篇、《宰氏》17篇等。农家没有一部完整的著作保存下来，他们的思想散见在诸子的著述中，如《管子·地员》《管子·轻重》《吕氏春秋·上农》等。

《管子·地员》主要讲的是农业技术，农家将土地分为各等，并区别其不同特点，指出哪种地适合种植什么。《吕氏春秋·上农》主要体现了农家的政治理想。农家认为，古代圣王引导人

民的方法是"先务于农"，使民务农不仅是为了获得土地上的收获，更重要的是"贵其志"，使民淳朴，"朴则易用"，既而才能"边境安""主位尊"。农家主张天子应该亲率诸侯耕田，其实是劝统治者带头做对他们自己有利的事。可见，这种思想归根结底是为统治者考虑的。

农家的代表人物是许行。许行，楚国人，其生卒年代现已不可考，他依托远古神农氏"教民农耕"之言，主张"种粟而后食""贤者与民并耕而食，饔飧而治"。传说许行有学生数十

许行宣传农学思想。许行是战国时期著名的农学家、思想家。

我国小说创作的鼻祖是谁？虞初。

你知道吗

几千年来，农家们总结、归纳的农业实践经验已融入中华民族的方方面面，哺育了我们一代代的炎黄子孙。

人，师徒皆穿粗麻短衣，在江汉间以打草织席为生。许行晚年到滕国游说，针对当时儒家鄙视农业生产，提出自己的主张，认为贤者应与民同耕而食，并且同时治理国家。农家这种思想寄托着农民阶层的平均主义政治理想，实际是一种不太符合实际的平均主义思想。

小说家

小说家是先秦与西汉杂记民间古事的学派。在春秋战国时期，"小说"一词是指浅薄琐屑的议论。据《汉书·艺文志》记载："小说家者流，盖出于稗官；街谈巷语，道听途说者之所造也。"这句话的意思是说，小说家所做的事以记录民间街谈巷语，并呈报上级等为主。所以，《汉书·艺文志》把小说家列为"九流"之外"十家之末"，小说家一直被视为不入流者。然而，小说家反映的古代平民思想却是其他九流学派不能代替的。

小说家的代表是虞初。虞初（约前140—前87），西汉人。汉武帝时，虞初任方士侍郎，骑马着黄衣，所以号"黄车使者"。虞初著有《周说》一书，这是一部卷帙浩繁的著作，共计943篇，原书已失传。据东汉人应劭所说："其说以周书为本"，就是说虞初是根据《周书》写成小说《周说》。因此后世推断，《周说》应该是一部通俗的周史演义。由于《周说》的失传，虞初在中国古典文学中的地位没有得到确立，但后世对他评价较高，张衡《西京赋》曰："小说九百，本自虞初。"可见虞初在小说史上的地位。

除此之外，小说家的著作还有《伊尹说》二十七篇、《鬻子说》十九篇、《青史子》五十七篇等，均已失传。今据存目观之，小说家著作体例似外史、别传、笔记之类。有些古书中也许还保存着"小说家"著作的只言片语，比如，很多人认为，《吕氏春秋》中的《本味》就是《伊尹说》的遗文，但是这种说法是否属实已经难以考证了。

奇趣
事实

> 扁鹊开启了我国医学史上中医学的先河。

医家

公元前5世纪下半叶到公元3世纪中叶，是中国历史上的大变革时期。社会制度的变革促进了经济的发展，科学、文化领域也出现了新的形势，其中包括医学的发展。医家就是这一时期涌现的一个思想流派，医家的代表有扁鹊、华佗等。

扁鹊（公元前407—前310），姓秦，名越人，又号卢医，春秋战国时期名医。传说扁鹊得到战国神医长桑君的真传，医术精湛，无人能及，被人们誉为"神医"，所以人们借用了上古神话黄帝时神医"扁鹊"的名号来称呼他。扁鹊年轻时虚心好学，刻苦钻研医术。学成之后便周游列国，把积累的医疗经验用于平民百姓，为民解除痛苦，因此在民间享有盛誉。据《汉书·艺文志》载，扁鹊有著作《内经》和《外经》，但均已失传。

扁鹊最大的贡献就是创造了望、闻、问、切的诊断方法，奠定了中医临床诊断和治疗的基础。扁鹊精通内、外、妇、儿、五官等科，并能够熟悉应用砭刺、针灸、按摩、汤液、热熨等法治疗疾病。扁鹊在虢国时，发现被认为已死的太子并未真死，而是患了一种"尸厥"症。他对太子施以针灸和热熨治疗，两天后，太子就恢复了健康。这便是成语"起死回生"的出处。扁鹊在蔡国时，利用望诊法断定蔡桓公重病在身，应立即医治。但蔡桓公固执己见，就是不听从扁鹊的劝告，最终丧了命。后人从这件事中总结了一个成语，就是"讳疾忌医"。

扁鹊不仅医术高超，还表现出高尚的医德。他谦虚谨慎，从不居功自傲。他治好虢太子的病后，大家都称赞他有起死回生之术，扁鹊却说："患者并没有死，我只不过能使他重病消除，回复他原来的状态而已，并没有起死回生的本领。"由于扁鹊声誉渐高，遭到了秦国太医李醯的嫉妒，他设计杀害了扁鹊。据说扁鹊遇害后，虢太子感恩，收其骨骸而葬之。

▼ 起死回生

国学书院

走进国学书院，
品读一部部精辟入理的国学著作，
欣赏一幅幅意味隽永的历史画卷，
国学的天地中，任你畅游；
传统文化的精髓在这里传承演绎，
留给世人无尽的余味。

奇趣事实

> 《三字经》《百家姓》《千字文》，俗称"三百千"。

蒙学读物 >>>

> → 蒙学读物就是我国古代儿童诵读的启蒙读物。中华民族是一个重视教育的民族，早在周秦时期就已出现一些蒙学读物，到了宋代以后，蒙学读物出现了空前繁盛的局面。在历代蒙学读物中，最具代表性的当属《三字经》《百家姓》《千字文》《幼学琼林》等，这些都是我国传统文化的瑰宝。

《三字经》

在中国古代的蒙学读物中，影响最大、最具代表性的就是《三字经》了。《三字经》虽然篇幅短小，但涉及的内容非常广泛，天文地理、社会历史、诸子百家、家庭伦理，无所不包。特别是它仅用三百多字就概括了中华五千年历史的变迁，非常精彩，难怪古人云："熟读三字经，便可知天下事，通圣人礼。"

《三字经》全书以三字为一句，文字浅明，句子短，容易懂。每两句押韵，容易念也容易背，可以巩固记忆。全书共三百多句，内容分为六个部分，每一部分有一个中心。第一部分从"人之初，性本善"到"人不学，不知义"，讲述的是教育和学习对儿童成长的重要性，后天教育及时，方法正确，可以使儿童成为有用之材；第二部分从"为人学，方少时"至"首孝悌，次见闻"，强调儿童要懂礼仪，要孝敬父母、尊敬兄长，并举了黄香和孔融的例子；第三部分从"知某数，识某文"到"此十义，人所同"，介绍的是生活中的一些名物常识，有数字、四时、四方、五行、六谷、六畜、七情、八音、九族、十义，方方面面，一应俱全，而且简单明了；第四部分从"凡训蒙，须讲究"到"文中子，及老庄"，介绍中国古代的重要典籍和儿童读书的程序，这部分列举的书籍有四书、六经、三易、四诗、三传、五子，基本包括了儒家的典籍和部分先秦诸子的著作；第五部分从"经子通，读诸史"到"通古今，若亲目"，讲述的是从伏羲神农至清代的朝代变革，一部中国史的基本面貌尽在其中；第六部分从"口而诵，心而维"至"戒之哉，宜勉力"，强调学习应勤奋刻苦、孜孜不倦，只有从小打下良好的学习基础，长大才能有所作为，"上致君，下泽民"。

【知识讲堂】

《三字经》内容的排列顺序极有章法，体现了作者的教育思想。作者认为教育儿童要重在礼仪孝悌，端正孩子们的思想，其次才是传授知识，即"首孝悌，次见闻"。训导儿童要先从小学入手，即先识字，然后读经、子两类的典籍，再学习史书，即"经子通，读诸史"。

有"蒙学之冠"美誉的著作是什么?《三字经》。〈

关于《三字经》的作者,历史上大致有三种说法:有人据明代黄佐《广州人物传》记载,认为《三字经》作者是宋末的区适子;有人根据清代邵晋涵的诗"读得贞黎三字训",诗下自注:"《三字经》,南海黎贞撰",认为《三字经》作者为明代黎贞;第三种说法流传比较广泛,认为《三字经》为南宋学者王应麟所著。王应麟(1223—1296),字伯厚,号深宁居士。清代贺兴思的《〈三字经〉注解备要叙》中有这样的话:"宋儒王伯厚先生《三字经》一出,海内外子弟之发蒙者,咸恭若球刀。"这句话明确道出《三字经》的作者是王应麟。

《三字经》自南宋以来,已有七百多年历史,历经多次扩充和修改,是学习中华传统文化不可多得的儿童启蒙读物,可谓家喻户晓,脍炙人口。自古以来,人们对《三字经》的评价非常高。有人说它是"袖里通鉴纲目",意思是说极小型的

中国通史。有人说它"天开地辟,星斗日月,山川河海,小物草木,鸟兽昆虫,古帝昔都,贤奸正邪,无不备载"。也有人认为它"天人性命之微,地理山水之奇,历代帝王之统绪,诸子百家著作之原由,以及古圣昔贤,由困而亨,由贱而贵,缕晰详明,了如指掌"。

在今天,《三字经》依然有着巨大的生命力,在各种蒙学读物中独领风骚,并且被译成英、法等文字,让世人见证了它的魅力。

✐《三字经》从"人之初,性本善"到"人不学,不知义",讲述的是教育和学习对儿童成长的重要性,后天教育及时,方法正确,是古代儿童重要的启蒙读物。

> 姓氏产生于原始社会的母系氏族。

《百家姓》

姓氏文化是中国文化的重要组成部分。中国人是世界上"寻根意识"最重的族群。《百家姓》就是一本关于中文姓氏的著作，它的成书和普及要早于《三字经》。

《百家姓》原来收集姓氏411个，后增补到504个，其中包括444个单姓和60个复姓。单姓比较常见，比如姓李的历史人物有李世民、李白、李商隐、李时珍等，姓王的历史人物有王维、王昌龄、王夫之等。复姓相对来说不太常见，人们熟悉的复姓有东方、欧阳、上官、诸葛、皇甫等。比如，西汉辞赋家东方朔的姓氏就是"东方"，三国时期的政治家、军事家诸葛亮姓"诸葛"，唐代文人皇甫湜、皇甫松父子姓"皇甫"。

《百家姓》为什么以"赵钱孙李"开头呢？据南宋学者王明清考证，《百家姓》一书中排列前几名的姓氏是有讲究的：赵是指赵宋，因为国君的姓氏理应为首；其次是钱，钱是五代十国中吴越国王的姓氏；孙为当时国王钱俶的正妃之姓；李为南唐国王李氏。因此，他推断《百家姓》是吴越国时当地人所著。吴越在宋太祖赵匡胤建国后，还存在了一段时间，可见这本书是在北宋初年问世的。

《百家姓》采

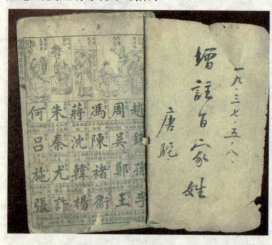

★《百家姓》书影。《百家姓》易学好记，是中国古代幼儿的启蒙读物，流传至今，影响极深。

用四言体例，句句押韵，虽然它的内容没有文理，但读来十分上口，易学好记。比如，《百家姓》的前几句：赵钱孙李，周吴郑王，冯陈褚卫，蒋沈韩杨。这种短小、押韵的语言十分便于记忆，少年儿童只要朗读几遍，就可以牢记于心；而且，《百家姓》颇具实用性，熟悉它对于了解人类姓氏的起源、认识传统的血亲情结有很大的帮助。

如今，《百家姓》已被认为是中国人认识自我和家族来龙去脉不可缺少的文献基础。2009年，《百家姓》被中国世界纪录协会收录为中国最早的姓氏书。

弟子规

在古代，"弟子"是指一切圣贤人的学生，"规"是由"夫"和"见"字组成的，意思是大丈夫的见解。《弟子规》就是一部关于人们生活规范的书，它是依据先师孔子的教诲编写而成的，其主旨

你知道吗

《弟子规》是学童们的生活规范，依据孔子的教诲编写而成，其影响之大，读诵之广，仅次于《三字经》。

是为了教导弟子为人处世的规范。一直以来，《弟子规》被奉为儒家的基础，古代每一个学习圣贤经典的人都应该从《弟子规》开始。

《弟子规》的作者是李毓秀（1662—1722），字子潜，号采三，清朝康熙年间的秀才。李毓秀是清初学者、教育家，曾师从著名学者党成游历近20年，积累了丰富的知识。李毓秀致力于讲学，来听他讲课的人特别多，人们十分钦佩他的才学，尊称他为李夫子。他根据传统蒙学的要求，并结合自己的教书实践，写成了《训蒙文》。后来，经贾有仁修订，《训蒙文》改名《弟子规》，并流传后世。

《弟子规》分为五个部分，分别列述弟子在家、出外、待人、接物与学习上应该恪守的守则和规范。全书以《论语·学而》中的"弟子入则孝，出则悌，谨而信，泛爱众，而亲仁。行有余力，则以学文"开篇，以三字韵语的文字形式写成。《弟子规》的核心思想是孝悌仁爱，对儿童的言语及行动提出要求，教会他们怎样待人处世。所以，它在清代后期成为广为流传的儿童读本和童蒙读物。《弟子规》的内容浅显易懂，符合封建伦理，而且文风朴实，说理透彻，可谓谆谆教诲，循循善诱，在我国教育史上有一定的影响。

知识讲堂

姓氏的起源可以追溯到人类原始社会的母系氏族时期，所以中国的许多古姓都是女字旁或底。比如，黄帝住姬水之滨，以姬为姓；炎帝居姜水之旁，以姜为姓。皇天以大禹治水有功，赐姓为姒。姓和氏的出现是人类进步的两个阶段，是文明的产物。

> 《名贤集》汇集了孔、孟以来历代名人贤士的嘉言善行。

《名贤集》

《名贤集》是我国古代对儿童进行伦理道德教育的蒙学教材之一，其作者已不可考，但从文中的主要内容来看，很可能是南宋以后的儒家学者根据历代名人圣贤的名言、警句以及流传于民间的典故、谚语等提炼编辑而成的，据后世推测，《名贤集》可能不是出自一人之手，而是多人或几代人共同完成的。

《名贤集》的内容大部分取材于民间，因而较多地反映了社会与民众的人生经验和心理愿望，其中有许多关于为人处世、待人接物、治学修德等方面的格言箴语，其中不乏洞察世事、启人心智之句，在今天仍然具有现实的借鉴意义。如"但行好事，莫问前程""与人方便，自己方便"，强调的是加强道德修养，弘扬助人为乐的精神；"人无远虑，必有近忧"，让人凡事应从长计议；"结有德之朋，绝无义之友"

"礼下于人，必有所求"，总结的是人际交往和辨事识人的经验；"良言一句三冬暖，恶语伤人六月寒"，劝人言语之间要相互尊重；"将相本无种，男儿当自强""花有重开日，人无常少年"，让人们要奋发图强、珍惜时光；"得荣思辱，处安思危""泰山不却微尘，积小垒成高大"，提示了世间事物的深刻哲理；"贫居闹市无人问，富在深山有远亲""一朝马死黄金尽，亲属如同陌路人"，则道尽了封建时代的世态炎凉，这些发人深省的名言警句给古人和今人都带来了很多启迪。

但是，《名贤集》毕竟

↑《名贤集》收集了历代名人贤士的名言善行，讲述了为人处世的基本道理；但是，有些内容也不免带有封建色彩。

是封建时代的作品，不可避免地反映了封建时代的人们思想的局限性。如"忠臣不事二君主，烈女不嫁二夫郎""百般全在命，半点不由人""人贫志短，马瘦毛长"等就是这种封建思想的

"万般皆下品，唯有读书高"的出处是哪里？《神童诗》。

你知道吗

体现。诸如此类的消极思想在《名贤集》中还有很多，这需要我们在阅读时，细加甄别，以便取其精华，弃其糟粕。

《名贤集》以四言、五言、六言、七言的形式写成，易诵易记，读之朗朗上口，所以在古代是十分受欢迎的蒙学读物。今天看来，《名贤集》不仅适合少年儿童阅读，成年人读来也会受益良多，所以它才能够久盛不衰。

《神童诗》

《神童诗》是一部影响广泛的启蒙读物，相传为北宋著名学者汪洙所著。汪洙，字德温，宁波人。据说他自幼聪颖异常，9岁能诗，号称"汪神童"。宋哲宗元符三年（公元1100年），汪洙考中进士，官至观文殿大学士，并创办学馆讲学，乡人称他的学馆为"崇儒馆"。

汪洙将他咏志劝学的作品编录成集，即《神童诗》。但据后人考证，《神童诗》并非出自汪洙一人之手，而是经历代编补修订，以汪洙的部分诗为基础，再加进其他人的诗而编成的。《神童诗》辑诗34首，皆为五言绝句，可分为三部分。第一部分为前14首，都是劝学诗，说明读书可以求取功名，如"满朝朱紫贵，尽是读书人"；第二部分为从《状元》到《四喜》5首，表现科举及第的得意，如"锦衣归故里，端的是男儿"；第三部分为从《早春》到《除夜》，通过对四时景致的描写，表达读书人的喜悦心情，如"诗酒琴棋客，风花雪月天"。

《神童诗》中有一些精神是值得肯定的，如鼓励"少小勤学""男儿自强"，对于少年儿童有积极的教育意义。但也有一些关于功名利禄的思想应该加以剔除和批判，如"万般皆下品，唯有读书高"。《神童

《神童诗》被誉为古代少年儿童励志第一书，在宋元明清时期影响很大。

诗》的版本有很多，其别本另载有"卷首诗"数十首。与正编的咏志劝学题材不同，卷首诗主要是写景咏物的，间有述怀，卷首诗的作者已不可考。

《神童诗》中的许多脍炙人口的诗句，如第二部分有一篇题为《四喜》的诗，即"久旱逢甘雨，他乡遇故知，洞房花烛夜，金榜题名时。"古代知识分子把"洞房花烛"和"金榜题名"看成是人生的两件大事，所以会有此感慨。

奇趣事实

> 《千字文》是中国教育史上最早、最成功的启蒙教材。

《千字文》

在中国古代的童蒙读物中，《千字文》是一部承上启下的作品，它那优美的文笔，华丽的辞藻，使得众多童蒙读物都无法与之相媲美。

《千字文》的成书年代较早，大约是在公元6世纪初，它的作者是梁武帝时的名臣周兴嗣。周兴嗣才高八斗，学富五车，撰有《皇帝实录》《皇德记》《起居注》《职仪》等专著百余卷，但他流传最广的著作则是《千字文》。据说，关于《千字文》的成书过程还有一个小故事。梁武帝为教导他的儿孙学习书法，命当时的朝臣殷铁石在王羲之书写的碑

知识讲堂

《千字文》在内容上融各种知识于一炉，并通篇贯穿以统一的思想，脉络清晰，语言洗练，这些长处是此前蒙学读物所缺少的。《千字文》每四字一句，共250句，本应为1000字，但因使用简体字缘故，简化为994个字。

文中，拓印出不重复的1000个字，供皇子们学书用。但是，拓印出来的字由于字字孤立，互不联属，不便于记忆。于是，梁武帝便召来周兴嗣，对他说："爱卿才华横溢，就由你把这1000个字按照先后顺序，排成韵文，以便于记忆和学习。"周兴嗣不敢怠慢，仅用了一个晚上，就编好进呈给武帝，这便是流传至今的《千字文》。但是，文章写好了，周兴嗣却在一夜之间头发、胡子全都白了！这虽然只是一个传说，但是可见周兴嗣在写作时可谓挖空心思。

《千字文》一书自问世以来，流传广泛，影响深远。长期以来，历朝历代的官学与私学都把它作为儿童启蒙的必读课本。《千字文》虽然仅由1000个字连

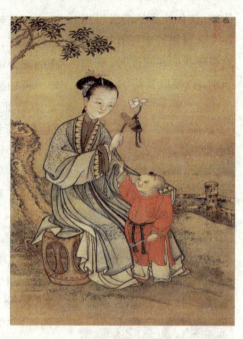

↑ 隋唐以来，《千字文》大为流行，背诵《千字文》被视为识字教育的捷径。它不是简单的单字堆积，而是条理分明，通顺可诵，集知识性与艺术性于一体。它不仅是启蒙和教育儿童的最佳读物，更是一部生动优秀的小百科。

缀成文，但是它的思想内容十分丰富，涉及历史、社会、政治、伦理等诸多方面，可以说是一部小百科全书，而且，它行文流畅，气势磅礴，风采斐然，相对于其他的蒙学读物，具有较高的艺术价值。

《千字文》流传的版本

被称做"训蒙长诗"的著作是什么？《千字文》。

你知道吗

有很多，一般为了便于理解，把它分为四个部分：第一部分从第一句"天地玄黄"起，至第三十六句"赖及万方"止，从天地开辟讲起，主要讲述了人类的早期历史和时代的变迁。第二部分从第三十七句"盖此身发"起，至第一百零二句"好爵自縻"止，重在讲述人的修养标准和原则，对人的言谈举止、交友、保真等方面进行了深入的阐述。第三部分从第一百零三句"都邑华夏"起，至第一百六十二句"严岫杳冥"止，主要讲述与统治有关的各方面问题。第四部分从第一百六十三句"治本于农"起，至第二百四十八句"愚蒙等诮"止，主要描述了恬淡的田园生活，赞美了那些不为名利羁绊的人们。最后两句"谓语助者，焉哉乎也"没有特别含义，因此单独列出。

从《千字文》的整体思想来看，基本上是儒家"修身，齐家，治国，平天下"的思想观点，宣扬了封建社会占绝对统治地位的三纲

五常、学而优则仕、建功立业、光宗耀祖等封建伦理道德观念。尽管在今天看来，这些思想是不足取的，但是《千字文》中对于自然、社会及历史等知识的概括还是值得后人肯定的。而且，能用如此短的篇幅将知识性和趣味性融于一炉，也是十分难能可贵的。

作为书法范本，《千字文》为历代书法大师所推崇，写《千字文》的大师比比皆是，著名的有怀素、宋

徽宗、文征明等。宋徽宗赵佶的《草书千字文》笔势奔放流畅，变幻莫测，一气呵成，蔚为壮观，堪称书法艺术瑰宝。这些书法作品不仅提高了《千字文》的知名度，也促进了它的传播。今天，《千字文》已被译成英语、法语、日语、拉丁语、意大利语，在海外影响深远。

↑ 历代不少大书法家都曾书写《千字文》，《千字文》至今仍是学习各种书法的范本。下图为元朝画家赵孟頫的真草《千字文》。

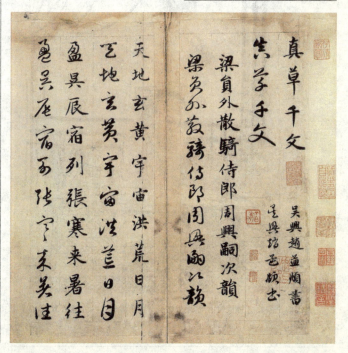

>《千家诗》收录的诗的体裁有七绝、七律、五绝、五律。

千家诗

俗话说："熟读唐诗三百首，不会作诗也会吟。"诗歌在蒙学读物中占有相当大的比重，《千家诗》就是一部诗歌选集，它在明清两朝流传极广，影响十分深远。它经常与《三字经》《百家姓》《千字文》相提并论，即蒙学读物中著名的"三百千"。

虽然号称千家，但实际上，《千家诗》只录有122家。按朝代分：唐代65家、宋代52家、五代1家、明代2家、无从查考年代的无名氏作者2家。其中选诗最多的是杜甫，共25首；其次是李白，共8首；女诗人只选了宋代朱淑真的2首七绝。关于《千家诗》的编者，后世一直争议不断，但大部分人都认同这部著作的编者是南宋词人刘克庄。

《千家诗》是一部格律诗选本，所选的诗歌大多是唐宋时期的名家名篇，内容广泛，题材多样，以描绘四时风光、咏物言志为主，思想情感很健康。比如，李白的《独坐敬亭山》、王之涣的《登鹳鹊楼》、王维的《竹里馆》等都是格调高雅的诗篇。《千家诗》所选的诗歌意境优美，诗味浓郁，具有很强的艺术感染力。而且语言通俗易懂，音韵和谐，朗朗上口，便于记忆和传播。所以，《千家诗》中脍炙人口的诗句不胜枚举，如孟浩然的"春眠不觉晓，处处闻啼鸟"、贾岛的"只在此山中，云深不知处"、王安石的"爆竹声中一岁除，春风送暖入屠苏"等都是流传千古的佳句。

今天，《千家诗》在蒙学读物中的地位仍是不可取代的。在古往今来众多的诗歌选集中，它是影响最大、最受人们欢迎的，上至80岁的老人，下至3岁的儿童，几乎都能背上几首诗，足见它的影响之大。

古代的诗歌教育将读诗与写诗相结合，使得读书人从儿童起就开始学习写诗的技巧和方法。《千家诗》的内容大都明白晓畅，文字浅显，易于成诵，成为明清以后最流行的诗歌蒙学读本。

《千家诗》中唯一收录的女诗人是谁？朱淑真。

《增广贤文》

《增广贤文》也叫做《昔时贤文》《古今贤文》。其书名最早见于明代万历年间的戏曲《牡丹亭》，后世据此推断，这部著作大约写于明万历前后。后来，经过明、清两代文人的增补，形成今天我们所见的模样。《增广贤文》的作者已不可考，有一部分学者认为，这部著作

知识讲堂

从思想内容上来看，《增广贤文》虽以道家思想为主，但对儒家的说教并不排斥。文中强调了读书的重要、孝义的可贵。这些观点都是正统的儒家思想的体现，与全书所弥漫的道家思想不相一致；但也正是由于这种庞杂，不同思想的人都可以从中看到自己认可的格言，使之具有了广泛的代表性。

是数代人共同创作的。

《增广贤文》的内容大致分为四个方面：一是谈人及人际关系，二是谈命运，三是谈如何处世，四是表达对读书的看法。全书的内容是用谚语及一些文献典籍中的佳句编辑而成的，从礼仪道德、典章制度到风物典故、天文地理，几乎无所不含，而且语句通顺、易懂，便于阅读和记忆。

《增广贤文》中的名言佳句众多，有一些名言反映了中华民族勤劳朴实、吃苦耐劳的优良传统，如"一年之计在于春，一日之计在于寅""一饭一粥，当思来之不易；半丝半缕，恒念物力维艰"等。有一些警世诲人的名言是对人生和世事的高度概括，如"良药苦口利

《增广贤文》是一种民间谚语集，是劳动人民智慧的结晶，其中的内容大致能反映中国古代的百姓生活。上图为古代劳动人民采桑图、插秧图拓片。

于病，忠言逆耳利于行""善有善报，恶有恶报"等；有一些名言总结了千百年来人们同自然斗争的经验，如"近水楼台先得月，向阳花木早逢春""有心栽花花不发，无心插柳柳成荫"等。这些名言蕴涵着深刻的哲理，即使在今天读来，仍然受益匪浅。但是也有一些名言带有封建迷信和宿命论色彩，如"君子安贫，达人知命""书中自有千钟粟，书中自有颜如玉""人为财死，鸟为食亡"等。今天，我们在阅读时，应该取其精华，弃其糟粕。

奇趣事实 声律启蒙 传统蒙学丛书

> 有关声律的著作有《声律启蒙》《训蒙骈句》《笠翁对韵》等。

《声律启蒙》

诗词和对联是中国古代重要的文学形式，两千多年来长盛不衰。在古代，无论是学馆还是私塾的儿童，都是从诗词和对联的文学修养开始训练的。要培养这种文学修养，对声调、音韵、格律等都有严格的要求。因此，有关声律方面的著作层出不穷，但其中最著名的当属《声律启蒙》。

《声律启蒙》是训练儿童应对、掌握声韵格律的启蒙读物，它以内容丰富平实、语言典雅活泼而著称。《声律启蒙》分为上下卷，按韵分编，包罗天文、地理、花木、鸟兽、人物、器物等的虚实应对。按照平水韵平声的顺序，分为三字对、五字对、七字对、十一字对等，其文字对仗工整，声韵协调，朗朗上口，读起来如唱歌一般，而且知识性和实用性高度统一，因此深受儿童喜爱。如上卷的第一篇，"云对雨，雪对风，晚照对晴空。来鸿对去燕，宿鸟对鸣虫"，第二篇"秦岭云横，迢递八千远路；巫山雨洗，嵯峨十二危峰"，不仅读起来十分顺口，还饶有趣味，十分便于记忆。阅读《声律启

◆《声律启蒙》是古代儿童学习声韵格律的启蒙读物。对于儿童来说，熟读此书，自然能掌握平仄对仗，锻炼出强烈的语感，对写诗、对句、作文大有裨益。

蒙》，不仅对于儿童学习语音、词汇、修辞有很大的帮助，而且还可以从诗词中学到哲学、历史等方面的知识，可谓双重受益。

《声律启蒙》的作者是清朝康熙年间的进士车万育。车万育（1632—1705），字双亭，一字与三，号鹤田。他敏而好学，博学多才，为人刚正不阿。考中进士后，他授户部给事中，后升掌印。他直言进谏，铁面无私，是一代名臣。除《声律启蒙》外，他还著有《怀园集唐诗》《历代君臣交儆录》等。

《龙文鞭影》

《龙文鞭影》原名《蒙养故事》，其作者是明代万历年间的萧良有。萧良有，字以占。自幼聪颖好学，有神童之誉。明万历八年（公元1508年），萧良有会试第一，进修撰，任国子监祭酒，这个官职相当于现在的大学校长。以如此之高的地位亲自来撰写蒙学读物，可见当时对教育十分重视。

与《龙文鞭影》并驾齐驱的知识性蒙书是什么？《幼学琼林》。

你知道吗

《蒙养故事》全文都用四言写成，上下两句对偶，各讲一个典故。逐联押韵，全书按韵编排。为了便于理解，明代的夏广文曾为其作注，但是有不少错误。后来，杨臣铮综合了二者之长，又加以修订增补，并易名《龙文鞭影》。

"龙文"是古代的骏马名，出自《汉书·西域传赞》："蒲梢、龙文、鱼目、汗血之马，充于黄门。"龙文见到鞭影就会疾驰，无须鞭打，后来，人们就用"龙文"来比喻那些才华出众的少年英才。《龙文鞭影》以此命名，其含义即是说，读这本书能收到"逸而功倍"的效果，寄托了对童蒙殷切的希望。

知识讲堂

和其他蒙学读物相比，《龙文鞭影》有个显著的特点，就是广泛地汲取了前人的若干蒙书的材料，是一部集自然知识、历史掌故于一体的骈文读物。在《龙文鞭影》的体例的影响下，出现的蒙学读物有上百种，但都没有超越它的成就。

鹬蚌相争图。《龙文鞭影》主要介绍中国历史上的人物典故和逸事传说，四字一句，两句押韵，读起来抑扬顿挫，朗朗上口。

至清代，李晖吉、徐瓒仿照《龙文鞭影》的体例，合编了一部《龙文鞭影二集》。我们今天所看到的《龙文鞭影》多半是经过明、清两代人的增补、修订后的版本，因此比原作要完美。

《龙文鞭影》的内容主要来自二十四史中的人物典故，同时又从《庄子》和古代神话、小说、笔记等书中广泛收集故事。书中辑录的著名历史人物有孔子、诸葛亮、司马迁、李白等人的逸闻趣事；书中的典故更是脍炙人口，如鹬蚌相争、毛遂自荐、孟母断机、荆轲刺秦等。《龙文鞭影》的文字简明扼要，清晰明确，点明主旨，易于理解。《龙文鞭影》在传统蒙学中起着承前启后、由浅入深的作用，理解《龙文鞭影》才能为熟读"四书""五经"打下基础。

奇趣
事实

《幼学琼林》全书都是用对偶句写成的。

幼学琼林

中国有这样一句俗话："读了《增广》会说话，读了《幼学》走天下。"这句话中的《幼学》指的就是《幼学琼林》，由此可见《幼学琼林》的影响程度之大。

《幼学琼林》原名《幼学须知》，又名《成语考》《故事寻源》。一般认为，《幼学琼林》最初的编著者是明末的程登吉，也有一部分人认为其作者是明景泰年间的进士邱睿。清朝嘉靖年间，邹圣脉给《幼学琼林》做了一些增补和修订，并且更名为《幼学故事琼林》。到了民国时期，费有容、叶浦苏和蔡东藩等人又对它进行了增补。所以，我们今天看到的《幼学琼林》是几代人智慧的结晶。

《幼学琼林》分为四卷，第一卷包括天文、地舆、岁时、朝廷、文臣、武职，第二卷包括父子祖孙、兄弟、夫妇、师生、朋友宾主、婚姻、妇女、外戚、老幼寿诞、身体、衣饰，第三卷包括人事、饮食、宫室、器用、珍宝、贫富、凶丧，第四卷包括科第、艺术、文

事、讼狱、制作、释道、鸟兽、花木。从目录中，我们可以看出，《幼学琼林》的内容十分广博、包罗万象，从天文地理到典章制度，从风俗礼仪到饮食起居，从历史文化到伦理道德，如同一幅长长的画卷，集中展示了中国上下五千年的各个侧面，因此被誉为中国古代的百科全书。

《幼学琼林》是用骈体文写成的，容易诵读。书中的许多格言警句，到现在依然传诵不绝。如地舆篇中的"事先败而后成，曰失之东隅，收之桑榆；事将成而终止，曰为山九仞，功亏一

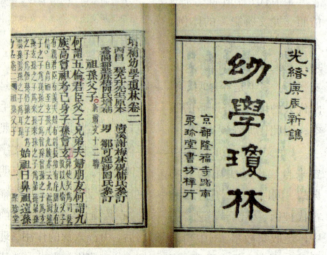

《幼学琼林》书影。《幼学琼林》能使儿童了解中国古代的著名人物、天文地理、典章制度等多方面的内容，还有许多警句格言。

被称为中国古代的百科全书的著作是什么？《幼学琼林》。

簧"，人事篇中的"同恶相帮，调之助桀为虐；贪心无厌，谓之得陇望蜀"等。如今，"功亏一篑""助桀为虐""得陇望蜀"已成为脍炙人口的成语。

读过《幼学琼林》，还能知道大量历史故事和成语典故。如"韩信受胯下之辱；张良有进履之谦""无面见江东，项羽羞归故里""负笈千里，苏章从师之殷；立雪程门，游杨敬师之至"等。这些篇章只用寥寥数字，就使历史人物鲜明的形象跃然纸上，读来令人荡气回肠其中。其中，立雪程门是一个非常著名的故事，出自《宋史·杨时传》。杨时，字中立，是我国著名的理学家，被尊为"龟山先生"。杨时少时通经史，能诗文，人称"神童"。他早年中进士时，以病为由没有赴任，专心研究理学。29岁时，杨时前往河南颍昌，专门投于洛阳著名学者程颢门下，潜心学习理学。程颢去世后，杨时投于程颢的弟弟程颐门下，此时他四十多岁，已

有很高的理学造诣，但仍然谦虚谨慎。有一天，杨时去拜见程颐，见老师正在厅堂上打瞌睡，不忍惊动，便静静地站在门廊下等候。这时，天空正纷纷扬扬地下着大雪，待程颐醒来，门外的积雪已经下得很厚很厚了。程颐为杨时诚心求学的精神所感动，更加尽心尽力教授。杨时不负重望，终成为一代理学宗师，后世便以"立雪程门"比喻尊师重道的诚意。

相对于其他的蒙学读物而言，《幼学琼林》较少进行封建伦理说教，而主要以传授知识为己任，在蒙学教育中起到了积极的作用。所以，它自问世以来，一直十分受欢迎。全书文字全部用对偶句写成，不拘长短，有四言、五言、七言等，一般都文字简练，对仗工整，便于记忆，如"混沌初开，乾坤始奠""日为众阳之宗，月乃太阴之象"等。

▲ 程门立雪的典故

> 《大学》被誉为"四书"之首。

经典教材 >>>

→ 提到儒家经典，就不能不说"四书""五经"，"四书"和"五经"是儒家传道、授业的基本教材。在古代，"四书"和"五经"是科举考试的必考书目，因此它们的地位非一般著作可比。即使在今天，"四书"和"五经"仍然在我国广泛流传，为泱泱中华文化倍添光彩。

"四书""五经"

作为儒家经典的"四书"和"五经"，是我国古代历史文化古籍中的宝典。"四书"包括《大学》《中庸》《论语》《孟子》，"五经"包括《诗经》《尚书》《礼记》《周易》《春秋》。"四书"和"五经"在思想上和内容上都具有极高的价值，几百年来，对中国文化影响深远。

其实，儒家经典本来有六经，它们是《诗经》《尚书》《礼记》《乐经》《周易》《春秋》。相传它们都由儒家创始人之一的孔子编辑或修改的。秦始皇"焚书坑儒"时，《乐经》从此失传，所以流传下来的只有现在的五经。

《大学》

《大学》就是大学问的

意思，它是儒家的政治哲学。《大学》开宗明义写道："大学之道，在明明德，在亲民，在止于至善。""明明德"就是修明天赋的光明德性；"亲民"就是管理好臣民百姓；"止于至善"就是达到至善至美的境界，《大学》被认为是儒家学派的入门书。

《大学》原是《礼记》中的一篇，可能作于战国时期，成书于秦统一全国后，作者已不可考，有人认为是孔子的弟子曾参所作。在古代，"大学"指有关政治、哲理的高深而广博的学问。据说自周朝开始，贵族子弟8岁入小学，学习基础文化和武艺，15岁入大学，又称太学，学习治理政事的理论。宋代学者朱熹在《四书

† 《大学》是孔子及其门徒留下来的遗书，是儒学的入门读物。上图为《孔子讲学图》。

流传至今的《大学章句》版本是由谁编定的？朱熹。

↑ 南宋末年，书院教育兴起，《四书》《五经》成为教授的主要内容。上图为中国古代四大书院之首的"白鹿洞书院"。

集注》里说过："大学者，大从之学也。"

《大学》的版本主要有两个体系：一是按原有次序排列的古本，即《礼记》中的《大学》原文；一是经朱熹编排整理，划分为经、传的《大学章句》本，已得到后世的认同。其中包括经一章，传十章。"经"是基本观点，"传"是对"经"的解释。《大学》依据孔子、孟子的"仁政"思想，阐明了新生的地主阶级"治国平天下"的理论。篇中提出了三条基本原则和八个步骤，即著名的"三纲八目"。"三纲"是指"明明德""亲民""止至善"，"八目"是指"格物""致知""诚意""正心""修身""齐家""治国""平天下"。其中，"修身"是八目的根本。

《大学》强调维护宗法制度，即"齐家"对于"治国平天下"的重要意义。《大学》提倡孝、悌、慈。孝是协调下辈对上辈的关系；悌是协调同辈之间长与幼的关系；慈是协调上辈对下辈的关系。《大学》认为，协调这些关系的原则同样适用于协调国家中君与臣、君臣与民的关系。

《大学》为新兴的封建国家制定了政治统治的原则，主要内容是，统治者要以身作则，遵循"絜矩之道"；要尊重老人，抚恤孤儿；

〖知识讲堂〗

在南宋以前，《大学》从未单独刊印。到唐代，韩愈、李翱十分推崇《大学》，此后，北宋的程颢、程颐兄弟也对《大学》大力褒扬。南宋的朱熹把《大学》从《礼记》中抽出来，与《论语》《孟子》《中庸》并列，《大学》才成为四书之一。

好恶要与民同，成为民之父母；要注意物质生产，剥削要掌握一定限度，不能与民争利等。这些思想都体现了新兴地主阶级的政治理想，具有进步的意义。但是，其理论基础仍然是以"德""义"为中心内容的唯心主义。

↑ 朱熹像。朱熹是南宋著名的理学家、思想家、哲学家和教育家，世称朱子。他是继孔子、孟子之后最杰出的弘扬儒学的大师。

奇趣事实 中庸

> 《中庸》是中国古代讨论教育理论的重要论著。

中庸

在汉代，《中庸》曾被收入《礼记》中，作为其中的一篇。到了宋代，理学家朱熹把它从《礼记》中抽出来，与《大学》《论语》《孟子》并称为"四书"。一般认为，《中庸》的作者是孔子的孙子子思。子思（前483—前402），名伋，战国初年哲学家，被后世尊称为"述圣"。孟子受业于子思的门人，将子思的思想发扬光大，形成了著名的思孟学派。

"中庸"一词的字面意思就是折中、平常的意思。从人性上来说，中庸就是既不善也不恶的人的本性。"中庸"要求人们立定"中"道，在好、坏两个极端之间进行折中，做到不偏不倚，既不过分也不要不及。并要求人们安于自己的社会地位，不做非分的事。身居上位不骄慢，身居下位不背叛。时刻端正自己，不去责求别人。

中庸的中心思想是儒学中的中庸之道，其主旨在于修养人性。《中庸》一书宣扬的是儒家的道德观念

▼ 宋、元以后，《中庸》成为学校官定的教科书和科举考试的必读书，对古代教育产生了极大的影响。下图描绘的是宋代科举考试的情景。

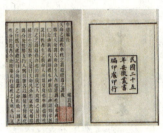

↑ 清·戴震《中庸补注》一卷影印本。

"诚"。《中庸》说："诚者，天之道也。诚之者，人之道也。诚者，不勉而中，不思而得，从容中道，圣人也。诚之者，择善而固执之者也。""诚"就是《大学》中所说的"诚意"。主观的"诚"，决定了世间万物的存在，所谓"不诚无物"；极端的"诚"才能充分发挥本性，感化世人，与天地并存，成为治理国家的最高典范。"诚"的具体化，就是"中庸"，所以，"中庸"被当做是处世的根本法则。

中庸之道的主题思想是教育人们自觉地进行自我修养、自我监督、自我教育、自我完善，以成为至善、至仁、至诚、至道、至德的理想人物。其中，自我修养是中庸最强调的，认为人们无论何时都应该严格、自觉地进行自我修养。《中庸》第三十三章说："君子之道，淡而不厌，简而文，温而理。知远之近，知风之自，知微之显，可与入德矣。"

学习中庸之道的方式包括"博学之，审问之，慎思之，明辨之，笃行之"，也包括儒家做人的规范，如五达道、三达德、九经等。五达道就是运用中庸之道调节五种人际关系，即君臣、父子、夫妻、兄弟以及朋友之间的关系。通过正确处理这五种人际关系，达到太平和合的理想境界。三达德是指人们内心的三种品德，即智、仁、勇。三达德是天下通行的品德，主要是用来调节君臣、父子、夫妻、兄弟和朋友之间的关系的。九经就是用来治理天下国家以达到太平和合的九项具体工作，即修养自身、尊重贤人、爱护亲族、敬重大臣、体恤众臣、爱护百姓、劝勉各种工匠、优待远方来的客人及安抚诸侯。

《中庸》用唯心主义的哲学语言，表现了新兴的地主阶级的政治纲领。它反对偏激、背叛，鼓吹折中驯服；强调通过脱离实践的道德修养，自觉地遵从现存的社会秩序。在今天看来，《中庸》的思想在当时的历史条件下具有进步意义。它注意到了矛盾的统一性质，力图从统一方面去处理、解决复杂的社会矛盾；但是，它同时夸大了统一性在矛盾发展中的作用，忽视了矛盾的斗争性，所以，它的认识是片面的。我们今天在阅读时，要注意有所选择地学习和借鉴。

知识讲堂

中庸之道的理论基础是天人合一。天人合一的含义是合一于至诚、至善，达到"致中和，天地位焉，万物育焉"。天人合一的"天"是善良美好的天，天人合一的"人"是善良美好的人。因此，天人合一是圣人所追求的最高境界。

奇趣
事实

> 《论语》是一部优秀的语录体散文集。

《论语》

《论语》成书于春秋战国之际，是一部记载孔子及其弟子言行的书。从书中内容来看，它应该是由孔子的弟子和再传弟子编辑而成。

孔子学说的核心是"仁"，《论语》中始终贯穿了他的这一思想。"仁"是孔子的政治伦理思想核心，也是他人生追求的最高境界。"仁"的核心是"爱人"，"仁"的根本是"孝悌"。孔子评价人物也是以"仁"作为标准，还认为人如果通过努力学习、加强道德修养，

<《孔子》版画像。孔子是儒家学派创始人，世界文化名人之一。

最终是可以达到"仁"的境界的。

《论语》的内容很广，涉及到当时社会的道德、教育、政治、文化、文艺、礼仪、经济、民族、天道观、认识论诸多方面，但都始终贯穿着孔子仁及礼的思想学说。

在政治方面，孔子主张"正名"，即制定名实相符的"君君、臣臣、父父、子子"的名分，以维护社会秩序；主张"薄敛""施仁政"，提倡"为政以德"，反对苛政。在思想教育方面，孔子提出了"有教无类"的主张，学思结合与因材施教的原则，倡导"学而不厌，诲人不倦"的精神和"知之为知之，不知为不知"的求实态度。在礼仪方面，孔子反对违反周礼的僭越行为，

例如周礼规定天子用八佾乐舞，大夫用四佾十舞。而鲁国季氏身为大夫，却用八佾，孔子认为是"是可忍，孰不可忍也"（《八佾》）。在经济方面，孔子反对新兴的富有者，鲁国的季氏大力开垦土地，富过周公，孔子弟子冉求给季氏当家臣，不仅不予劝阻，反而帮助聚敛，孔子要其他弟子对冉求"鸣鼓攻之"（《先进》）。孔子也认为富与贵是人之所欲，但他更多的是强调求富应受道义的制约，不能不择手段去聚敛财富，不能见利忘义。经商要以诚敬为主，要取信于人。在天道观方面，孔子相信天命，认为"君子有三畏，畏天命、畏大人、

首创语录之体的著作是什么？《论语》。

论语 你知道吗

畏圣人之言"（《季氏》），但他不语"怪、力、乱、神"，怀疑鬼神，认为"未能事人，焉能事鬼？"（《先进》），"敬鬼神而远之"（《雍也》）。在交友方面，孔子主张要交直谅多闻的益友，不交便佞善柔的损友。与朋友交，要言而有信。

《论语》关于学习的思想在中国教育史上具有重要地位，这种思想概括起来主要有四个方面：一是关于学习的态度，孔子提倡"默而识之，学而不厌""敏而好学""不耻下问"；二是关于学习的方法，孔子主张温故知新，认为"学而不思则罔，思而不学则殆"；三是关于学习的内容，孔子主张学习要广博，不能单一，提出了四种学习纲要，即"文，行，忠，信"；四是关于学习的目的，孔子认为，学习的重点在于"学以致用"，不要拘泥于书本，要勇于实践。

《论语》主要是记言，是语录体散文的典范。语言精练含蓄，富于概括性，幽默诙谐，具有口语化的特色。《论语》中的精彩篇章不胜枚举，如"学而时习之，不亦说乎？有朋自远方来，不亦乐乎？人不知而不愠，不亦君子乎？""三人行，必有我师焉。择其善者而从之，其不善者而改之。""吾十有五而志于学，三十而立，四十而不惑，五十而知天命，六十而耳顺，七十而从心所欲不逾矩。"这些名言富有哲理性和启发性，常被后世引用。

▲《孔子弟子守丧图》。孔子去世后，许多弟子都服丧三年，其弟子子贡结庐于墓旁守丧六年才离开。

奇趣
事实

> 《孟子》的传世名篇有《梁惠王》《公孙丑》《滕文公》等。

《孟子》

《孟子》是记载孟子及其学生言行的一部书，从中可以看出孟子的许多进步思想，如他改进了传统的"重农抑商"的思想，反对统治者对庶民的剥削，反对国家之间的战争。

《孟子》共七篇，篇目为：《梁惠王》上、下；《公孙丑》上、下；《滕文公》上、下；《离娄》；《万章》上、下；《告子》上、下；《尽心》上、下。南宋时朱熹将《孟子》与《论语》《大学》《中庸》合在一起称"四书"。直到清末，"四书"一直是科举必考内容。

"性善论"是孟子的主要哲学思想，是他的人类性善论。"性善论"是孟子谈人生和谈政治的理论根据，在他的思想体系中是一个中心环节。"性善论"的主要论据有："恻隐之心，人皆有之；羞恶之心，人皆有之；恭敬之心，人皆有之；是非之心，人皆有之。恻隐之心，仁也；羞恶之心，义也；恭敬之心，礼也；是非之心，智也。仁、义、礼、智，非由外铄我也，我固有之也。"（《告子》上）

孟子认为"仁、义、礼、智"是人们与生俱来的东西，不是从客观存在着的外部世界所取得的。"性善论"

孟子的"仁政"思想，在后世源远流长。孟子认为，如果统治者实行仁政，可以得到人民的衷心拥护；如果不顾人民死活，推行虐政，将会失去民心而变成独夫民贼，最终被人民推翻。

【知识讲堂】
孟子把道德规范概括为仁、义、礼、智，把人伦关系概括为"父子有亲，君臣有义，夫妇有别，长幼有序，朋友有信"。他认为，仁、义、礼、智之中，仁、义最重要。仁、义的基础是孝、悌，孝、悌是处理父子兄弟关系的基本道德规范。

是一套唯心主义的说法，不过，孟子以"性善论"为人们修养品德和行王道仁政的理论根据，还具有一定程度的积极意义。"仁义"是孟子道德论的核心思想。孟子所说的"仁义"是有阶级性的，是建筑在封建等级社会的基础之上的。但是，他反对统治者对庶民的剥削，反对国与国和家与家的战争。

孟子以"仁政"为根本的出发点，创立了一套以"井田"为模式的理想经济方案。提倡"省刑罚、薄税敛""不违农时"等主张。要求封建国家在征收赋税的同时，必须注意生产，发展生产，使人民富裕起来，

"性善论"的思想是由谁提出的？孟子。

这样财政收入才有充足的来源。这种思想是应该肯定的。作为新兴地主阶级的思想家，孟子还提出了重农而不抑商理论，改进了传统的"重农抑商"的思想，这种经济观念在当时是进步的。孟子的"井田制"理想，对后世确立限制土地兼并、缓和阶级矛盾的治国理论有着深远的影响及指导意义。但是，由于阶级偏见和时代局限，《孟子》中也有一些荒谬的言论，例如"劳心者治人，劳力者治于人"的观点，把劳心和劳力截然对立，强分贵贱高低，明显带有封建主义思想。

在文体上，《孟子》跟《论语》一样，同属于以记言为主的语录体散文，但它比《论语》有明显的发展。《论语》往往以简约含蓄取胜，文字提炼概括；《孟子》却以详尽细致著称，展开议论而淋漓尽致。《孟子》中的许多辩论气势充沛，笔带锋芒，并善于引用寓言故事展开说理，尖刻锐利，层层相扣，步步紧逼，不容辩驳。语言上生动明快，从容自若，读之内心畅快淋漓。《孟子》中的名篇有《梁惠王上》《公孙丑下》等，其中有许多精彩的论述值得后人反复琢磨。

《孟子》中有许多脍炙人口的名言，如"不以规矩，不成方圆""乐民之乐者，民亦乐其乐；忧民之忧者，民亦忧其忧""老吾老，以及人之老；幼吾幼，以及人之幼"等，这些名言在今天仍然被后人广泛引用。

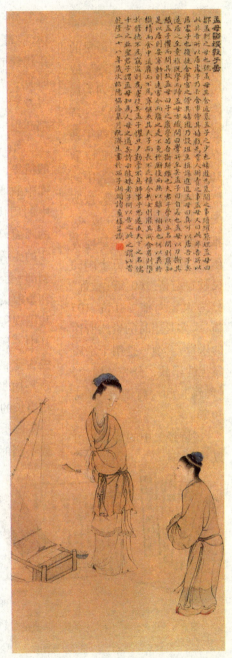

清·康涛《孟母断机教子图》。孟子对学习漫不经心，孟母便采取"断织"的措施，使孟子受到极大的震撼，从而发奋读书。

奇趣事实

> 《诗经》是我国现实主义诗歌的源头。

《诗经》

《诗经》是中国最早的诗歌总集，原称"诗"或"诗三百"，汉代时被列为儒家经典，始称《诗经》。《诗经》一共收入从西周初年到春秋中叶五百多年的诗歌305篇。据说《诗经》中的诗都是能演唱的歌词，按所配乐曲的性质，可分成风、雅、颂三类。"风"是地方乐调，收录了当时五十国的民歌，有诗160篇；"雅"分为大、小雅，有诗105篇，大多是当时的贵族所作的乐章；"颂"是用于宗庙祭祀的乐歌，分为《周颂》《鲁颂》和《商颂》，有诗40篇。

《诗经》中的诗歌，可以确定具

汉武帝采纳董仲舒"罢黜百家，独尊儒术"的建议，尊"诗"为经典，定名为《诗经》。

体写作年代的不多。大致说，"雅"和"颂"产生的年代较早，基本上都在西周时期；"风"除了"豳风"以及"二南"的一部分外，都产生于春秋前期和中期。

"国风"是《诗经》中的精华，是我国古代文艺宝库中的璀璨的明珠。"国风"中的周代民歌以绚丽多彩的画面，反映了劳动人民真实的生活，表达了他们对受剥削、受压迫的处境的不平和争取美好生活的信念，是我国现实主义诗歌的源头。其中《七月》一篇，是一首极古老的农事诗；与《周颂》中的农事诗不同，它以相当长的篇幅，叙述了农夫一年四季的劳动生活，并记载了当时的农业知识和生产经验，像记录农历的歌谣。有的诗还描写劳动者对统治阶级直接展开斗争，以便取得生存的权利。在这方面，《硕鼠》具有震撼人心的力量。《雅》和

《诗经》的特色主要表现在以下几个方面：一、《诗经》以抒情诗为主流，奠定了中国文学以抒情传统为主的发展方向。二、《诗经》中的诗大部分是反映现实生活和日常经验的。三、《诗经》具有显著的政治与道德色彩。四、《诗经》的诗在抒情上具有平和、细致、隽永的特点。

《颂》都是统治阶级在特定的场合所用的乐歌。它们在思想内容上无法与具有现实主义精神和人民性的"国风"相比，但由于它们或多或少地反映了社会生活的某些方面，因此，也还具有一定的社会意义和认识价值。

除了"风""雅""颂"之外，《诗经》还有"赋""比""兴"，合起来叫做"六义"。"风""雅""颂"是诗在性质、体制上的分类，"赋""比""兴"则是诗在表现手法上的分类。简单来说，"赋"是直接陈述事情，直接表达自己的感情，如"执子之手，与子偕老"就

我国第一部诗歌总集是什么？《诗经》。

你知道吗

《诗经·麟趾》诗意图。清代焦秉贞作。

是直接表达自己的感情；"比"是打比方，用一个事物比喻另一个事物。《诗经》中用比喻的地方有很多，如《硕人》用"荑荑"比喻美人之手，用"凝脂"比喻美人之肤；"兴"是从一个事物联想到另外一个事物，也就是借助其他事物为所咏之内容作铺垫，"兴"一般用在诗的开头，如《周南·关雎》中的第一句"关关雎鸠，在河之洲，窈窕淑女，君子好逑"。

《诗经》语言优美，思想深刻，全面地展示了中国周代时期的社会生活，可以说是我国现代主义文学的开端。关于《诗经》的作者，历史上一直说法不一。有一种说法认为，《诗经》是周朝乐官制作的乐歌，作者自然是周朝乐官；另外一

种说法认为，《诗经》是从民间歌谣演变而来的，没有确定的作者。还有一种说法认为，《诗经》是由各国乐师搜集而来献给天子的，后来便在朝廷盛行起来，几种说法孰是孰非，目前尚无定论。

《诗经》中有许多表现青年男女爱情生活的诗篇，比如《秦风·蒹葭》中的"蒹葭苍苍，白露为霜。所谓伊人，在水一方"表现了男女之间如梦的追求；《邶风·击鼓》中的"死生契阔，与子成说。执子之手，与子偕老"表现了对爱情的执著和坚守。

《御笔诗经图》——清代乾隆皇帝御笔写本。

奇趣事实

尚书

> 《尚书》记录了商周特别是西周初期的一些重要史料。

尚书

《尚书》是我国最早的官方史书，它保存了商周特别是西周初期的一些重要史料。《尚书》原称《书》，到汉代改称《尚书》，意为上代之书。作为一部重要的历史典籍，《尚书》历来被认为是我国最早的散文总集。但是，《尚书》的内容大部分都是当时官府处理国家大事的公务文书。所以，《尚书》实际上是我国最早的政事史料汇编。

《尚书》的基本内容是君王的文告和君臣的谈话记录。今存《尚书》58篇，依据朝代编辑，分别称为《虞书》《夏书》《商书》《周书》。《尚书》主要记录了虞、夏、商、周四朝的典、训、诰、誓、命等文献。"典"是重要史实或专题史实的记载，如《尧典》《舜典》；"训"和"诰"主要是训诫诰令，包括君臣之间、大臣之间的谈话及祈神的祷告，如《盘庚》《大诰》《多士》等；"誓"主要是君王诸侯的誓众词，如《汤誓》《秦誓》等；"命"主要是君王任命官员或者赏赐诸侯的册命，如《毕命》《文侯之命》等。《尚书》涉及到政治、思想、宗教、哲学、法律、军事等多个领域，为《左传》《史记》等史书提供了珍贵的资料，同时也是研究我国原始社会和奴隶社会不可缺少的历史文献。

《尚书》被儒家奉为五经之首，其核心的思想是"敬天""明德""慎罚""保民"，帝王将相以《尚书》作为安邦定国的基础，工

《伏生授经图》唐代王维作。伏生是西汉时济南著名的学者。秦始皇焚书坑儒时，伏生将《尚书》藏到墙壁中保留了完整的29篇。汉立后，汉文帝派晁错到伏生家中授受《尚书》。这时伏生因年迈，口齿不清，使其女羲娥代为解说才使《尚书》得以流传。

▲ 三体石经《尚书》内文。《尚书》是我国第一部上古历史文件的汇编。

商士民以《尚书》作为修身待物的准则,由此可知《尚书》的影响之大。自汉代,《尚书》备受推崇,成为整个封建社会最重要的教科书。

从文学体式上讲,《尚书》记言叙事生动形象,条理清晰,对春秋战国时期的散文发展有很大的影响,秦汉以后各个朝代的制诰、诏令也明显受到它的影响。而且,《尚书》对于金文学、甲骨学和考古学的研究也有很大的帮助。

《礼记》

《礼记》是中国古代一部重要的典章制度书籍。据后世考证,《礼记》的作者不止一人,写作时间也有先有后,其中多数篇章可能是孔子的弟子及其学生们的作品,并收录一些先秦的其他典籍。《礼记》一书的编定者是西汉礼学家戴德和他的侄子戴圣。戴德选编的85篇本叫《大戴礼记》,到唐代只剩下了39篇;戴圣选编的49篇本叫《小戴礼记》,也就是我们今天见到的《礼记》。

《礼记》的内容涉及政治、法律、道德、哲学、历史、祭祀、日常生活等诸多方面,可谓包罗万象,是研究先秦社会的重要资料。其中,记述各种礼制的,如《王制》《礼器》《祭法》等;记述日常生活礼节和守则的,如《曲礼》《内则》《少仪》等;记载孔子言论的,有《缁衣》《仲尼燕居》《孔子闲居》等;记载丧服丧事的,如《檀弓》《曾子问》《丧服小记》等;论述修身做人的,如《大学》《中庸》《儒行》等。所以说,《礼记》是一部儒学杂编。

《礼记》全书用记叙文形式写成,文章各具特色,有的用生动的小故事来阐明某一道理,有的论述气势磅礴、结构谨严,有的擅长刻画人物的心理。此外,书中还收有大量富有哲理的格言、警句,精辟而深刻,如"大道之行也,天下为公""独学而无友,则孤陋而寡闻""玉不琢,不成器。人不学,不知道"等。

知识讲堂

汉代把孔子定的典籍称为"经";弟子对"经"的解说称为"传"或"记",《礼记》因此得名,即对"礼"的解释。《礼记》与《仪礼》《周礼》合称"三礼",对中国文化产生过深远的影响。自西汉以后,《礼记》越来越受到人们的重视,成为仅次于《论语》、比肩于《孟子》的重要经典。

奇趣事实

> 《周易》是我国文化典籍中最难懂的著作之一。

《周易》

《周易》也叫《易经》。关于《周易》的作者说法不一，传说是伏羲氏画卦，周文王作辞，孔子作传，但这一说法并不可靠。关于《周易》的书名有两种解释，一种说法认为，"周"指的是朝代名，即周朝；另一种说法认为，"周"有周密、周遍的含义，也就是说它的理论的严密性和完整性。"易"字有变易、简易、不易三层含义，所谓变易，就是概括、穷尽了万物变化的规律；所谓简易，就是用最简明、最根本的道理来解释、驾驭变化万千的大千世界；所谓不易，就是揭示的规律具有最本质的特征，是永恒不变的真理。

《周易》包括"经"和"传"两部分。"经"的部分主要包含卦象、卦辞和爻辞。"传"的部分主要包含象传、文言、系辞传、说卦传和杂卦传等，古称"十翼"。从不同角度而言，它是古代的哲学、预测学、信息学、系统学、伦理学和宇宙代数学的

▲ 周文王像。司马迁在《史记》中记载"文王拘而演周易"，古人多认同《易经》是周文王所著，今人则有不同观点。

混合产物。它涉及天文、地理、气象、历法、数学、物理、化学等领域。它还有许多有价值的方法和思想，如：简单性原则、相似性原则、循环原则以及稳定与不稳定、无穷演化的思想等。

《周易》认为，阴阳是天地万物的总起源，自然界与人没有什么两样，也是由阴阳相交产生的。万物在阴阳两势力的矛盾中产生变化，而变化的形式就是通过交感。《周易》认为世界上没有东西不在变化，变化又是有阶段性的，发展到最后

◀ 传说伏羲氏在洛河之畔看到一只乌龟载河图而出，做成八卦。

堪称我国文化的源头的著作是什么？《周易》。

你知道吗

　　《周易》是最能体现中国文化的经典，它认为世界万物是发展变化的，其变化的基本要素是阴和阳。《周易·系辞》中说："一阴一阳之谓道。"《周易》研究的对象是天、地、人三才，而以人为根本。《周易》讲究阴阳互应、刚柔相济，提倡自强不息、厚德载物。

阶段，就会带来相反的结果，"物极"就要走向反面。

　　"传"一共七种十篇，分别是：《彖》上、下篇，《象》上、下篇，《文言》《系辞》上、下篇，《说卦》《杂卦》和《序卦》。古人把这十篇"传"叫做"十翼"，意思是说"传"是附属于"经"的羽翼，即用来解说"经"的内容。《彖》是专门对易经卦名和卦辞的注释。《象》是对易经卦名及爻辞的注释。《文言》对《乾》《坤》二卦作了进一步的解释。《系辞》是《易经》的哲学纲领，其内容博大精深，是学易必读之篇。《系辞》是易传十篇中最重要、

最有代表性的文字。它是我国古代第一部对易的产生、原理、意义及易卦占法等全面、系统的说明文字。它阐发了许多从易经本文中看不到的思想。系辞与彖、象不同，它不是对易经的卦辞、爻辞的逐项注释，而是对易经的整体评说。《说卦》是对八卦卦象的具体说明，是研究术数的理论基础之一。《杂卦》将六十四卦以相反或相错的形态排成两两相对的综卦和错卦，从卦形中看卦与卦之间的联系。与序卦研究的角度不同，《序卦传》讲述六十四卦的排列次序。实际上，"传"的作者主要是借解说经文来发挥自己的思想观点。

　　《周易》在汉朝时，成为"五经"之首。当时有许多天文学家用《周易》来解释天象，有许多医学家引用《周易》来解释人的生理现象，还有许多人用《周易》来算卦，所以《周易》在各个方面应用很广。到了三国时代，王弼改造易学，不讲象术，他把老子的道家思想和《周易》结合起来，来建立自己的思想，所以《周易》在魏晋玄学里也是影响很大的。宋朝理学家要弘扬儒学的道统，主要是根据《周易》的经典来解释孔孟思想，反对佛教和道教是根据《周易》辩证思想来建立他们的哲学理论体系。

　　《周易》在古代文献中常被简称为《易》，至西汉初年被列为"经"书之一，世人遂尊称为《易经》。《周易》是一部古老而又灿烂的文化瑰宝。我国古代的建筑、音乐、医学、纪年，等等，无不与《周易》有着千丝万缕的联系。

奇趣事实

> 《春秋》是我国编年体史书之祖。

《春秋》

《春秋》又称《麟经》《麟史》，是我国编年体史书之祖。关于《春秋》的作者，有人认为出自孔子之手，旧时有"文王拘而演周易，仲尼厄而作春秋"之说。但是，大部分人对这种说法存有争议，认为《春秋》并非出自一人之手，而是鲁国史官集体创作的。

《春秋》主要记载了从鲁隐公元年（前722年）到鲁哀公十四年（前481年）的历史，内容包括诸侯攻伐、盟会、篡弑、祭祀、礼俗、灾异等。据考证，《春秋》所记载的鲁国十二代的世次年代完全正确，所记载的日食现象与西方学者所著的《蚀经》相比，互相符合的有30次之多。由此可见，《春秋》的内容并非凭空捏造，具有很高的史料价值。

《春秋》中的文字非常简练，事件的记载很简略，最少一字，如僖公三年六月"雨"；或二三字，如僖公三年夏四月"不雨"，八年夏"狄伐晋"；即使是最多字的"定公四年春三月"叙述也不超过45个字。《春秋》的语句虽然简短，但遣词井然有序。几乎没有描写的成分，但其语言十分严谨精练。《春秋》最突出的特点就是寓褒贬于记事的"春秋笔法"。相传孔子按照自己的观点对一些历史事件和人物作了评判，并选择他认为恰当的字眼来暗寓褒贬之意，因此《春秋》被后人看做是一部具有"微言大义"的经典。

《春秋》的原文仅一万八千多字，现存版本只有一万六千多字。因为《春秋》的文字过于简练，后人不易理解，所以后世对它的诠释之作有很多，称之为"传"。据《汉书·艺文志》记载，为《春秋》作

↟ 石经刻有《尚书》《春秋》和部分《左传》，碑文每字皆用古文、小篆、隶书三种字体写刻，故又称《三体石经》。《三体石经》刻立未久，即遭永嘉之变而散佚毁埋于地下，清光绪年间始出土。本幅为《春秋经》的部分经文。

《春秋公羊传》的作者是谁？公羊高。

【知识讲堂】

据考证，自西周起，就有史官记载国家大事。鲁国史官把当时各国报道的重大事件，按年、季、月、日记录下来，一年分春、夏、秋、冬四季记录，而古人重视春季和秋季，因此把国史记载叫做《春秋》，这可能便是"春秋"作为史书名的来由。

传者共有五家，分别为《左氏传》30卷、《公羊传》11卷、《穀梁传》11篇、《邹氏传》11卷、《夹氏传》11卷。这五传之中，后两传已经不存在。

《左氏传》又称《春秋左氏传》，为左丘明所著；《公羊传》又称《春秋公羊传》，为公羊高所著；《穀梁传》又称《春秋穀梁传》，为穀梁赤所著，这三传合称《春秋三传》，被列入儒家经典。三传之中，《春秋左氏传》是先秦时代内容最丰富、规模最宏大的历史著作，这部书的特点是详于记事。《春秋公羊传》和《春秋穀梁传》一样，不是历史著作，而是以解释《春秋》

经文为主。《公羊传》和《穀梁传》成书于西汉初年，用当时通行的隶书所写；《左氏传》有两种，一种用秦朝以前的古代字体写的；一种是从战国时期的荀卿流传下来的。

与《穀梁传》相比，《公羊传》的地位较高，影响也更为深远。《公羊传》在释经时，从《春秋》所载的各条大事出发，引申开去，阐释经义，但也不完全紧扣经文，有时以发表自己的见解为主。《公羊传》的主要内容包括以下几个方面：一、宣扬"大一统"的民族观。这是贯穿《公羊传》的基本思想。全书一开始就以"王

正月"引出"大一统"这个观念。这种观念是以"尊王攘夷"和"华夷尊卑"为出发点的，就是尊崇周天王，维护周王朝的"大一统"，排斥异族。二、维护宗法制度，强调嫡庶等级制度的重要性和必要性。

在写作方法上，《公羊传》与《穀梁传》相似，采用问答式的解释体，从《春秋》经文出发，层层设问，逐一解释。这种问答式的解释体，不仅能通俗浅显地解释《春秋》经文，而且通过设计好的问答，引导读者沿着自己的逻辑线索去思想，并自然得出结论，这个结论被认为是《春秋》的义理。

★《公羊传》书影。《公羊传》是今文经学的重要经籍，历代今文经学家常用它作为议论政治的工具，同时它还是研究秦汉间儒家思想的重要资料。

奇趣
事实

> 老子是道家学派的创始人。

诸子之言 >>>

→ 在我国浩如烟海的古籍著作中,先秦诸子的著作占有重要地位,如《老子》《庄子》《墨子》《荀子》等。这些国学著作为中国文学史谱写了浓墨重彩的一笔,也成为世界文化宝藏的重要组成部分。今天,当我们以感怀之心来阅读这些古籍时,会更加珍惜祖先留给我们的伟大遗产。

老子

《老子》又称为《道德经》《道德真经》,全书共81章,分为上下两篇,上篇称为《道经》,下篇称为《德经》,总称为《道德经》。《道德经》是道家哲学思想的重要来源,这部著作洋洋洒洒五千言,字字珠玑,言简意赅,充满了人生的智慧和哲理。

《道德经》约五千字,是一部讲哲理的古籍,又是韵文,其主要内容有三个方面:

第一,宇宙。《老子》在第一章开宗明义说:"道可道,非常道;名可名,非常名。"老子心目中的宇宙就是"道",道无所不在,周行不止;道是万物的根本;道是视之不见、听之不闻、博之不得的无形物。道是万物创生的根源,所以人、地、天都要法"道",但道并不是毫无规则的,为所欲为的,它还必须以自然为法则。这并不是说"道"的上面还有一个自然的东西,要道去遵循。"自然"是自然而然,是自然就如此

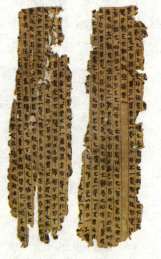

↟ 长沙马王堆汉墓中出土的帛书《老子》。

的意义,应理解为道的精神所在,是道所具有的一切特性中最主要的部分,或者说是主导性的部分;所谓"道之尊,德之贵,夫莫之命而常自然也",道和德之所以得到万物的仰尊,就在于它们常法自然,道和德的价值就在于自然,若不以自然为法就会失去其价值。老子的思想以"道"为基础,但是他的思想却在"自然"两个字上。老子的这一思想,冲

破天帝造众生的神论观点，在中国哲学史和文化史上都是一个首创。

第二，人生。老子的人生观有两个基本点：一是贵身自养，摄生修行；二是柔弱不争，至虚守静。前者在《老子》第十三章有精彩的论述："贵以身为天下，若可寄天下；爱以身为天下，若可托天下。"既然身体能与天下并重，那么怎样贵身爱身呢？老子认为，首先应该摒除五色、五味这些物欲享乐，然后注意摄生，见朴抱素，加强个人修养。后者是老子反复强调的处理人际关系的原则，体现了一种以退为进、以静制动的人生哲学。

第三，政治。老子最著名的政治主张就是"无为"，这是他认为的治理天下的最高原则。他倡导顺应民心，符合天道，处无为之事，行不言之教，"治大国，若烹小鲜"，消除一己之心，使民众安居乐业，实现无为而治，达到"小国寡民"的理想境界。老子不满当时的

奴隶主贵族统治的残暴性与虚伪性，指斥他们为"盗竽"，是有进步性的，但他又看不惯新兴封建地主阶级的所作所为，鼓吹向后看，开倒车，向往人类社会的开端，是一种没落的阶级意识，是完全行不通的。老子的从"无为而治"到"小国寡民"社会的描绘，是他所处时代与现实环境的产物。此外，《老子》还有许多战争论述，深合兵家之要，是很多军事家奉行的准则。

《道德经》是一部神奇的典籍，对中国的哲学、科学、政治、宗教等都产生了深刻的影响，随着时代的发展，《道德经》的世

史称老子见周将乱，乘青牛西出函谷关，关令尹喜先见其真气，知真人将过，果见老子，尹喜请其著书，遂得《道德经》五千言。此图正是尹喜拜见老子的场面。

63

> 《庄子》与《周易》《老子》并称"三玄"。

界意义日益彰显了出来。从16世纪开始,《道德经》就被翻译成了拉丁文、法文、德文、英文、日文等。并且,越来越多的西方学者热衷于道家的研究。

《庄子》

《庄子》是道家学派的代表作,成书于战国中晚期。《汉书·艺文志》记载《庄子》有52篇,但我们今天所能见到的《庄子》只有33篇。

《庄子》分为"内篇""外篇""杂篇"三个部分,一般认为"内篇"的7篇文字是庄子所写的;"外篇"15篇是庄子的弟子们所写,或者说是庄子与他的弟子一起合作写成的,它反映的是庄子真实的思想;"杂篇"11篇的情形就要复杂些,应当是庄子学派或者后来的学者所写,有一些篇幅肯定不是庄子学派所有的思想,如《盗跖》《说剑》等。

《庄子》的哲学体系是博大精深的,其中心就是"道"。"道"有多层含义,可以指宇宙的本原,可以指万物发展变化所遵循的规律,也可以指宇宙万物的同一性,还可以视为哲学领域的一种境界。

《庄子》的哲学思想主要表现在四个方面:一、《庄子》认为事物总是相对而又相生的,也就是说任何事物都具有既互相对立,又互相依赖的正反两个方面。二、《庄子》认为事物的运动变化总是向它相对立的方面转

庄子像。他生活贫穷困顿,却鄙弃荣华富贵,力图在乱世保持独立的人格,追求逍遥无待的精神自由。

化。三、《庄子》认为从"道"的总体性、同一性的角度说,宇宙万物尽管千差万别,说到底是齐一的,没有区别的。四、《庄子》认为确定认知的标准是困难的,甚至是不可能的,因为任何认知都会受到特定条件的限制,受到时空的制约。

《庄子》所提倡的人生哲学是顺应自然,顺应自然有遵循客观规律的积极一面,但过分强调事物的自身运动而忽略了人的主观能动作用,势必又导致其反面,走向听天由命的宿命论。例如,《大宗师》说:"死生,命也;其有夜旦之常,天也。"《德充符》说:"死生、存亡、穷达、贫富,命之行也。"把生死、贫富等看做命运的安排,显示了庄子人生态度上的消极面,应该加以批判。

《庄子》对后世的影响,不仅表现在他独特的哲学思想上,而且表现在文学上。《庄子》一书汪洋恣肆,气势万千,而且想象力十分丰富,笔调轻快,并且大量地

代表先秦散文最高成就的著作是什么？《庄子》。 你知道吗

采用寓言故事来作为论证的依据，极富浪漫主义色彩。寓言的形式大大增加了《庄子》的文学形象性。全书描写了许多有趣的人物，并且很多人物在历史上是真实存在的，如孔子、盗跖、魏惠王、惠施、公孙龙等。杜撰的人物更是不胜枚举，如王骀、申徒嘉、东施等，就连一些小动物，也被拟人化了，具有了鲜明的个性。

《庄子》中的名篇有《逍遥游》《齐物论》《养生主》等，其中《养生主》中的"庖丁解牛"尤为后世传诵，后人用这个成语比喻做事得心应手，运用自如。《庄子》中有许多传世名言，如"吾生也有涯，而知也无涯""相濡以沫，不如相忘于江湖""大知闲闲，小知间间；

知识讲堂

《庄子》中的文章结构很奇特，看起来并不严密，常常突兀而来，变化无端，有时任意跳荡起落，但思想却能一线贯穿。其句式富于变化，或顺或倒，或长或短，加之词汇丰富，描写细致，因此极富表现力和独创性。

大言炎炎，小言詹詹"等。

庄子晚年常在濮水（今蒙城南芡河）垂钓，观鱼，过着清静闲居的生活。一天，庄子与朋友惠子同在观鱼。庄子凝神关注水中自由自在游弋嬉戏的鱼儿，不禁称赞说："水中之鱼，何其乐也！"惠子笑曰："子非鱼，安知鱼之乐？"庄子立即反驳道："子非我，安知

《南华秋水》图，明·仇英绢本。取材于庄子《秋水篇》，主要写河神与海神的一段对话，借水来论述宇宙、世事间的相对关系，所谓"四海之在天地之间也，不似礨空之在大泽乎！"

我不知鱼之乐？"惠子无言以对。这就是《庄子·秋水》中庄子和惠子游于濠梁的故事，被后人称颂为"千古一辩"。

奇趣事实

> 墨子是中国历史上第一个从理性高度对待数学问题的科学家。

《墨子》

《墨子》是墨子及其弟子与后学的著述总汇。自秦以后，墨子及其弟子的言论散见于各种典籍之中，如《吕氏春秋》《淮南子》《列子》等。西汉刘向的《汉书·艺文志》将散见于各个著作的墨子言论编辑成《墨子》，共71篇。历经两千余年后，到清代人整理发掘

↟ 墨子像

时，有一些篇章已经散佚，仅存53篇。

《墨子》内容广博，涉及政治、军事、哲学、伦理、逻辑、科技等方面，是研究墨子及其后学的重要史料。全书分为两部分：一部分主要是记载了墨子言行、阐述墨子思想的，反映了前期墨家的思想；另一部分着重阐述了墨家的逻辑思想和认识论，反映了后期墨家的思想。此外，《墨子》还包含许多自然科学的内容，特别是天文学和几何光学，是研究墨家科学技术成就的珍贵资料。

按内容可以把《墨子》划分为五部分：第一部分包括《亲士》《修身》等7篇，汇集了名家之言、杂家之说。第二部分包括《尚贤》上中下篇、《尚同》上中下篇等25篇，主要陈述了墨家的政治主张。第三部分包括《大取》《小取》等6篇，这一部分是《墨子》的精华部分，但是古字词较多，难以理解。第四部分包括《耕柱》《贵义》等5篇，是墨子的弟子对墨子生平的记录。第五部分包括《备城门》《备高临》等11篇，可以说是墨家兵法。

《墨子》的文字质朴无华，缺乏文学色彩，因此在很长一段时间内并未引起人们的重视。但是，《墨子》的逻辑性很强，善于运用具体事例进行说理，对后代议论文的发展起到了重要作

达到先秦法家理论的最高峰的著作是什么？《韩非子》。

《墨子》是墨子及墨家学派的著作汇编。它的内容博大精深，包含政治、哲学、伦理、逻辑、科技、军事等方面，是研究墨子及其后学的宝贵资料。右图为《墨子》中有关光学知识的记载。

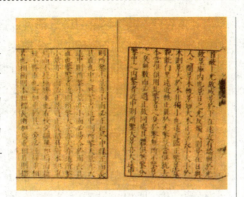

用。而且，《墨子》中有许多脍炙人口的名言，如"兴天下之利，除天下之害""俭节则昌，淫佚则亡""名不可简而成也，誉不可巧而立也，君子以身戴行者也"等。

《韩非子》

《韩非子》是战国末期韩国法家集大成者韩非的著作。据考证，韩非的部分文章在战国时就已经在流

【知识讲堂】

先秦时期，儒家、墨家崇尚"法先王"和"复古"，韩非子的观点是反对复古。他根据当时的形势，主张法治，提倡君权神授，提出重赏、重罚、重农、重战四个政策。自秦以后，中国历代封建王朝的治国理念都受到韩非子学说的影响。

传了，到汉武帝时，已经广为流传了。至于《韩非子》的编定成集，有人认为是韩非的弟子所为，有人认为是刘向所为。《韩非子》现存55篇，约10万言，大部分为韩非自己的作品。

《韩非子》主要体现了韩非的政治思想，可以说是一部政治学巨著。韩非的政治思想是以他深刻的哲学思想为理论基础的，如他的法治思想，是其"守成理，因自然"的哲学思想在政治领域中的体现；他的变法论，是"道""不得不化，故无常操"的哲学思想的体现；他的君主独裁思想，是以"道不同于物"的哲学观为基础的。可见，韩非的思想是有缺陷的。他的思想宗旨是为了君主，在他的眼里，其他人只有为君主效劳的义务，他们都是政治斗争的工具。这种思想显然是不可取的。

《韩非子》的价值还体现在优美的文辞中，它被文学界公认为是先秦散文的"四大台柱"之一。《韩非子》的议论切中要害，阐述精湛，一针见血，令人惊叹；其气势势如破竹，具有强大的逻辑力量和语言阵势；其结构森严、缜密，既雄伟壮观，又精细绵密，而且灵活多变；其修辞挥洒自如，字里行间洋溢着激情。书中记载了大量脍炙人口的寓言故事，如"自相矛盾""讳疾忌医""老马识途""守株待兔""滥竽充数"等。

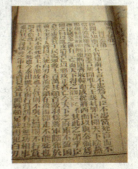

《韩非子》书影

> 《鬼谷子》是战国时期纵横学派流传下来的唯一一部子书。

这些寓言故事蕴涵着深刻的哲理，而且具有较高的文学价值，给人们以智慧的启迪，历来为后世传颂。

鬼谷子

《鬼谷子》又称《捭阖策》，是一部研究社会政治斗争谋略权术的书。相传，《鬼谷子》出自纵横家鬼谷子之手。鬼谷子被民间称为王禅老祖，是一位传奇人物，据说他有五百弟子，其中最著名的有苏秦、张仪等。

《鬼谷子》共14篇，其中第十三、十四篇已失传，常见的版本有道藏本及嘉庆十年江都秦氏刊本。《鬼谷子》一书从主要内容来看，是针对谈判游说活动而言的，但是由于其中涉及到大量的谋略问题，与军事问题触类旁通，所以也被看做是兵书。《鬼谷子》的内容十分丰富，涉及政治、军事、外交等领域，曾对战国时期纵横家起过重要的理论指导作用。

从思想上来看，《鬼谷子》阐述的思想主要是功利主义思想，为实现这一目标，一切合理手段

云蒙山鬼谷亭。云蒙山据说是鬼谷子谈经传道的地方，孙膑、庞涓以及苏秦、张仪皆师从于他。

都可以运用。它主要论述了纵横家们如何运用谋略口才进行游说，进而控制握有一国政治、经济、军事大权的诸侯国君主。由于鬼谷子所代表的纵横家所崇尚的是权谋策略及言谈辩论之技巧，其指导思想与儒家所推崇之仁义道德大相径庭。因此，历代对《鬼谷子》一书推崇者甚少。但是，随着时代的发展，《鬼谷子》中的部分思想和言论已被世人认知，掀起了《鬼谷子》研究的热潮。

《管子》

在先秦的诸子著作中，《管子》是自成一家、别具特色的一部，被誉为"天下奇文"。《管子》相传为管仲所著，是一部记录管仲学派言论的著述总集，大约成书于战国时代。管仲，名夷吾，字仲，春秋时期齐国著名的政治家、军事家，辅佐齐桓公成为春秋时期的第一霸主，被誉为"春秋第一相"。

西汉时，刘向将管子的

你知道吗

以全面而独到的经济思想著称的著作是什么?《管子》。

从内容上来看,"经言"主要保存了管仲治理齐国的思想,所以被奉为经典;"外言"和"内言"的区分不明,但"内言"较多地记载了管仲的功业和言行;"短语"的篇幅一般比较短小;"区言"所指不详;"杂篇"的内容很驳杂;"管子解"是对若干篇目的诠释;"管子轻重"则是专题论文。

《管子》内容丰富,包括道、名、法等家的思想以及天文、地理、农业、经济、教育、伦理、史学、文学、音乐、医学等方面的知识,可以说是包罗万象,比如,《心术》《白心》等篇对老、庄著作的诠释十分独到,后世望尘莫及;《法法》《明法》等篇对法理的论述精确明晰,可比《韩非子》。此外,对各家学说的论述也是字字珠玑。《管子》中关于哲学、政治、经济方面的思想尤其精辟,构成了《管子》思想的主要框架。

《管子》的哲学思想以道家思想为核心,但是又将道家思想加以发

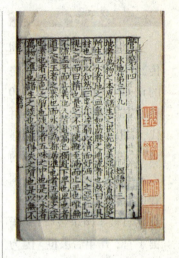

《管子》书影

言论编成《管子》,共86篇,今存76篇。这76篇文章分为8类:"经言"9篇、"外言"8篇、"内言"7篇、"短语"17篇、"区言"5篇、"杂篇"10篇、"管子解"4篇、"管子轻重"16篇。现代学者普遍认为,《韩非子·有度》、贾谊《新书》以及《史记》中所引的《山高》《乘马》等篇是管仲的遗说;《立政》《幼宫》《水地》等篇是记述管仲言行的著述;《白心》《内业》等篇是管仲学派、齐法家对管仲思想的发挥和发展。

管仲像

展,使古代哲学思想向前推进了一大步。《管子》认为"道"并不是抽象的"无",在《白心》《内业》中提出了以"精气"为化生世界万物的元素,即认为精气是构成万物的最小颗粒,又是构成无限宇宙的实体,说明了世界的物质性。精气论在中国唯物主义宇宙观发展史上有重要意义,对中国唯物主义的发展产生过深远影响,东汉的唯物主义哲学家王充、唐代文学家柳宗元等都受过它的影响。

> 《荀子》中关于人性、礼法、名实关系的学说是其思想体系的基础。

《荀子》

《史记·孟子荀卿列传》对荀子的生平有过简略的记载：荀卿为赵人，50岁时来齐国游学，至襄王时代，"最为老师"，"三为祭酒"，韩非、李斯都是他的入室弟子。后来荀子受楚国春申君之用，为兰陵县令。春申君被李园杀害后，荀子罢了官，几年后去世。因为荀子的两位高徒韩非、李斯都是法家的代表人物，所以后世对荀子儒家学者的身份持质疑态度，他的著作《荀子》在很长一段时间内也没有引起人们的重视。

↑ 荀子，名况，字卿，周朝战国末期赵国猗氏（今山西安泽）人。荀子是历史上著名的思想家、文学家、政治家，儒家代表人物之一。

据考证，荀子的著作在汉代流传的有三百多篇，经过刘向的编订、整理，定为32篇，内容涉及哲学思想、政治问题、治学方法、立身处世之道、学术论辩等方面。一般大致把《荀子》的内容分为三类：一类是荀子亲著的文章，共22篇；一类是荀子弟子所记录的荀子言行，共5篇；一类是荀子及弟子所引用的材料，共5篇，前两类是研究荀子思想的直接材料，是《荀子》一书的主体。

《荀子》一书最可贵之处在于它的唯物主义认识论。荀子以前的唯物主义者，如老子、尹文等都主张天道自然无为，但他们没有意识到人的主观努力对自然界的改造作用。墨子、孟子虽然强调了人的主观能动性，但又过分夸大了人的主观作用。荀子吸收了各派的合理因素，并避免了各派的缺陷，使先秦以来天人关系的理论有了新的飞跃。比如，《天论》中的"天地之变，阴阳之气"，明确了

"天"就是客观存在的自然界；"天行有常，不为尧存，不为桀亡""天有其时，地有其财，人有其政"，指出自然界有其固有的运动规律，是不以人的意志为转移的，人事的吉凶与社会的治乱与自然界的变化没有必然联系，而是决定于统治者的治理措施是否恰当。这种思想第一次冲破了天命神学的堤坝，具有进步意义。《荀子》在认识论上另一个重要的贡献，是对先秦诸家进行了分析、批判，在吸取各家学说精华的基础上，总结出了正确认识事物的方法，即去"蔽"与"虚壹而静"。去"蔽"就是要克服认识上的片面性和主观性，

被称为"学者之文"的著作是什么？《荀子》。

你知道吗

"虚壹而静"就是要专一、虚心、冷静，这两种观点在《劝学》《不苟》等篇中都有体现。

《荀子》中的哲学思想对后世影响极为深远，从李斯、韩非到王充、刘禹锡、王夫之，乃至近代的革命家，无不从《荀子》的思想体系中吸取营养来充实自己。因此，荀子也被认为是历史上最杰出的思想家之一。

《荀子》中的文章论题鲜明，结构谨严，说理透彻，有很强的逻辑性，对后世说理文章产生了一定的影响。而且，语言风格也很独特，善用比喻、排比等修辞，能给人留下深刻印象。值得一提的是，《荀子》中的五篇短赋开创了以赋为名的文学体裁，在中国文学史上具有重要意义。

《劝学》是《荀子》的开篇之作，是一篇论述学习的意义，劝导人们以正确的目的、态度和方法去学习的散文。文章以朴素的唯物主义为理论基础，旁征博引，反映了先秦儒家在教育方面

的某些正确观点。《劝学》中的比喻灵巧多样、运用自如。如文章开首，连用"青，取之于蓝，而青于蓝""冰，水为之，而寒于水""木受绳则直""金就砺则利"四

南宋时，富于创新的出版商将许多儒家经典配以版画插图出版，使原本晦涩难解的典籍得以通俗化，便于读者阅读、理解和记忆。在存世的宋代版本中，仅以"纂图互注"为标题的就有《尚书》《周礼》《毛诗》《礼记》诸经。下图为《纂图互注荀子》书影。

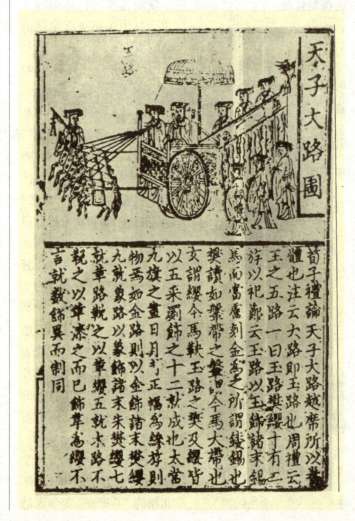

奇趣事实

> 知行问题是《传习录》中讨论的重要问题。

个比喻,从不同的角度和侧面来阐述"学不可以已"的道理。这些比喻都很常见、易懂,并会使人自然而然地联想到某些直观、浅近的形象事物,既而体会到其蕴涵的深刻哲理。

《传习录》

在我国思想史上,王阳明是一个举足轻重的人物。王阳明(1472—1529),名守仁,字伯安,明代著名的哲学家。《年谱》中说王阳明是光禄大夫王觉的

★ 王阳明是中国明代著名的哲学家、思想家、政治家和军事家,是朱熹后的另一位大儒,"心学"流派最重要的大师。上图为王阳明画像。

后裔,他的父亲叫王华,人称龙山公,成化十七年(公元1481年)中进士第一名,曾任南京吏部尚书。生长在这样的书香门第,王阳明自幼耳濡目染,他不仅刻苦学习,还勤习武艺,是中国历史上罕见的全能大儒。

弘治五年(公元1493年)与八年(公元1496年),王阳明两次会试不第,于是开始读一些养生方面的书,有遁世入山之意。王阳明28岁时中进士,开始了仕途,但几年后他便告病归隐,筑室阳明洞修习道家导引之术,因此自称为阳明先生。之后,他开始潜心著书,广纳门徒,终身致力于学术研究。《传习录》就是一部反映王阳明哲学思想的著作,它是一部具有代表性的儒家哲学著作。据考证,"传习"二字出自《论语·学而》中的"传不习乎"一语。

王阳明在继承思孟学派的"尽心""良知"和陆九渊的"心即理"等学说的

基础上,批判吸收了朱熹那种超感性现实的先验范畴的"理"为本体学说,创立了王学,或称阳明心学。王阳明的哲学思想主要体现在"良知"和"致良知"两个方面,其中,"良知"是王学的基石。王阳明认为,"良知"是心之本体,是人人生而俱来的,是外在的社会伦理道德与内在的个体心理欲求的统一;"致良知"就是如何为圣的过程,变本然的知为主体意识自觉把握的知的过程,也就是他所说的"知行合一"。

知与行是儒家哲学的两个重要范畴,阳明的知行学说代表了儒家道德实践论的又一高峰。"知行合一"学说

知识讲堂

王阳明的学说以"反传统"的姿态出现,在明代中期以后,形成了阳明学派,影响很大。阳明学派以"致良知"为学术宗旨。王阳明主张良知为圣愚所同,不囿于见闻;即知即行,即体即用。提倡返求诸心,自我做主,不受教条束缚。阳明学派影响了众多学说。

"陆王学派"的陆王指的是谁？陆九渊和王阳明。

你知道吗

王守仁《与郑邦瑞尺牍》纸本，行草。纵24厘米，横392.8厘米。

立足于人的主体精神与实践精神，为主体道德自我、价值自我的实现提供了途径。"良知"学说是阳明哲学的最高成就，是他整个思想体系的完满化。王阳明认为，"良知"等同于"心"，等同于"天理"，等同于"善"。"良知"是"一"，是绝对本体。"良知"创化万物，又存在于一切创化物之中，因此，"良知"既是"一"，又是一切。阳明的"良知"学说给后世许多启示。

传统上把《传习录》分为三卷：上卷阐述了知行合一、心即理、心外无理、心外无物等观点，强调圣人之学为身心之学，要悉心领会，不要停留在口耳之间。中卷有书信八篇，论述了王学的根本内容、意义与创立王学的良苦用心；解释了王学宗旨；回答了关于本体的质疑。另外还有两篇短文，阐述了王学的教育思想。下卷主要内容是"致良知"，提出本体功夫合一、满街都是圣人等观点，尤其引人注目的是提出了"四句教"，即"无善无恶是心之体，有善有恶是意之动，知善知恶是良知，为善去恶是格物。"后世历来对"四句教"的意义争论不休。

《传习录》集中地反映了王阳明的心性之学，不仅在中国古代哲学史上占有重要地位，而且对日本、朝鲜半岛以及东南亚国家都产生了重要而深远的影响。明朝末年，朱舜水远渡日本，把阳明学传到了日本，对日本社会产生了深刻的影响，直接成为明治维新中传统思想抵制全盘西化的基础。日本近代的著名军事家东乡平八郎，曾为王阳明学说所折服，特意佩一方印章，上面篆刻"一生俯首拜阳明"。

朱舜水，名之瑜，字鲁玙，舜水是他在日本取的号，意为"舜水者敝邑之水名也"，以示不忘故国故土之情。明亡后，流寓海外的朱舜水受到了日本文化界的敬重，其学术思想对当时的日本和后来的明治维新有很大影响。

奇趣事实

> 《国语》《左传》《战国策》是记录先秦时期的三部历史名著。

史学大观 >>>

→ 中国是一个拥有五千年历史的文明古国，她为我们留下了蔚为壮观的历史著作，如《资治通鉴》《史记》《汉书》等。今天，当我们以感恩之心来接受祖先的伟大馈赠时，心中涌起的何止是感动。就让我们在千年岁月的无声诉说中，阅尽悠悠历史，品读淡淡生活。

《国语》

《国语》是我国最早的国别史，全书共 21 卷，7 万余字。《国语》以"国"分目，以"语"为主，所以书名为《国语》。《国语》主要记录了周朝王室和鲁国、齐国、晋国、郑国、楚国、吴国、越国等诸侯国的历史，即上起周穆王西征犬戎（约前 967 年），下至智伯被灭（前 453 年）五百多年的历史。

关于《国语》的作者，司马迁在《史记·报任安

△《国语》书影，明代刻本。

书》中说："左丘失明，厥有《国语》。"班固在《汉书·艺文志》中也有记载："《国语》二十一篇，左丘明著。"唐宋以前，人们一般认为《国语》的作者为左丘明。但是在晋朝以后，许多学者都怀疑《国语》不是左丘明所著。直到现在，学界仍对《国语》的作者争论不休，但有一种说法已被人们普遍接受，即《国语》是战国初期一些熟悉各国历史的人根据当时周朝王室和各诸侯国的史料，经过整理加工汇编而成的。

《国语》的内容丰富繁杂，多姿多彩，主要包括政治事件、经济体制、内政外交、军事行动、典章制度、道德礼仪等方面的言论记述。其中，《周语》三卷主要记载了西周穆王、厉王直到东周襄王、景王、敬王时有关"邦国成败"的重大政治事件，反映了从西周到东周的社会政治变化的过程。《鲁语》二卷着重记载了鲁国上层社会一些历史人物的言行，反映了春秋时期鲁国的社会面貌。《齐语》一卷主要记载了管仲辅佐齐桓公称霸采取的主要政策及思想。《晋语》九卷是《国

知识讲堂

《国语》对后世的影响主要表现在三个方面：一、在内容上有很强的伦理倾向，认为"礼"是治国之本，突出忠君思想。二、在政治上比较进步，具有浓重的民本思想。三、记录的春秋时期的经济、财政、教育、婚姻等多方面的内容，对研究先秦时期的历史非常重要。

我国最早的一部国别史著作是什么?《国语》。

语》中的主体,它记载的历史事件的时间比较长,从公元前678年—前453年,内容从武公替晋为诸侯、献公之子的君权之争、文公称霸,一直到战国初年赵、魏、韩三国灭智氏的政治历史。《郑语》一卷记载了周太史伯论西周末年天下兴衰的大局势。《楚语》二卷主要记载了灵王、昭王时的历史事件。《吴语》一卷和《越语》二卷则记载了春秋末其吴、越争霸的历史事件。

《国语》不仅是一部重要的历史著作,也是一部优秀的历史散文。它用生动详实的语言把春秋时代的言论都记录了下来,并且在散文发展史上有其独特的成就。《国语》在语言方面的优势主要表现在三个方面:第一,《国语》对历史人物的谏言和对话的记载很全面,语言古朴简洁,议论时旁征博引,具有很强的说服力。如《召公谏厉王弭谤》这一篇,全文仅用200多字就将召穆公对周厉王暴政的谏言写得形象贴切,富于

逻辑性。第二,《国语》中的很多对话幽默风趣,并且能够突出人物的个性和精神面貌。如《晋语》中的《召公谏厉王弭谤》《董叔欲为系援》等篇章,关于叔向、董叔的言语描写得诙谐幽默,字字珠玑,深刻地突显出人物的个性。第三,《国语》的篇章都很完整,不少故事情节生动,可以单独作为文学短篇来阅读。比如,

《召公谏厉王弭谤》就是一篇精彩的文学短篇。

《国语》中有许多传世名言,如"轻则寡谋,骄则无礼""防民之口,甚于防川"等,这些名言历经两千余年时光的洗礼,依然被后世奉为治国理民的真理,在历史上闪耀着智慧的光芒。

↘ 我们熟知的越王勾践卧薪尝胆的故事在《吴语》中就有记述。

奇趣事实

> 《左传》是记录春秋时期社会状况的重要典籍。

《左传》

《左传》是我国现存第一部叙事详细的编年体史书，它代表了先秦史学和文学的最高成就，是研究春秋时期鲁国及其他诸侯国历史的重要文献。《左传》相传是春秋末期的鲁国史官左丘明所著。关于左丘明其人，有人说他姓左，名丘明；有人说他姓左丘，名明。他双目失明，曾任鲁太史，与孔子是同时代人。西汉史学家司马迁、班固等人都认为《左传》是左丘明所作，这是目前最为可信的史料。

《左传》原名为《左氏春秋传》，或《左氏春秋》，

▲《左传》书影

它与《春秋公羊传》《春秋穀梁传》合称"春秋三传"。相传《左传》是左丘明为解释孔子的《春秋》而作，它描写了自鲁隐公元年（前722年）到鲁悼公十四年（前453年）的众多历史事件，是儒家重要的经典之一。《左传》主要取材于王室档案、鲁史策书、诸侯国史等，全书约18万字，内容十分广博，主要记录了周王室的衰微、诸侯争霸的历史、礼仪规范、典章制度、社会风俗、道德观念、天文地理、古代文献等。

《左传》善于刻画历史人物，书中共描写了数百个大小人物，对很多正反面人物的性格都刻画得入木三分。如写春秋五霸之一的秦穆公这个人物就用了不少笔墨，在《秦晋韩之战》《秦晋殽之战》等篇章将秦穆公的贪婪和狂妄描写得淋漓尽致；又如《宋楚泓之战》中着重刻画了宋襄公的形象，将他的愚蠢、刚愎、迂腐、假仁假义生动地表现出来。

知识讲堂

《左传》虽是历史著作，但它的风格与《尚书》《春秋》不同，它"情韵并美，文彩照耀"。其文学特点主要表现在四方面：第一，文学性的剪裁和历史时间的故事情节化。第二，刻画人物形神兼备，能够突出人物性格。第三，擅长场面描写和细节描写。第四，说理透彻，引人入胜。

《左传》中描写战争的篇章占了很大一部分，大小战役不计其数。作者把复杂的战争事件描写得极为生动、概括，并把战争的性质、敌对双方的特点归纳得十分清晰。如《晋楚城濮之战》《秦晋殽之战》《晋楚鄢陵之战》《吴楚柏举之战》等，其写法虽各不相同，但条理井然，声色俱佳。尤为可贵的是，《左传》写战争，不只是写战场和战争的过程，而且写战争的思想，把战争与政治、外交联系起来，注意战略思想对战争的指导作用。

《左传》在文学上具有很高的成就，是一部优秀的

你知道吗

中国古代第一部记事详细的编年史著作是什么？《左传》。

历史散文著作。《左传》在叙事及情节的安排上十分巧妙，对那些变化多端的历史大事件，处理得有条不紊，繁而不乱，并且语言上也十分简练、生动，体现了较强的文学色彩，这在它之前的任何史书中是没有的。《左传》在史学中的地位很高，被认为是开《史记》《汉书》之先河的重要典籍。

《左传》中有许多流传千古的典故，如《哀公六年》中有这样一个典故：春秋时，齐景公与儿子嬉戏，景公叼着绳子当牛，让儿子牵着走。结果，儿子不小心跌倒，把齐景公的牙齿拉断了。所以，人们就称齐景公为"孺子牛"。它的原意是父母对子女过分疼爱。后来，"孺子牛"精神成为人们赞誉的美德。《左传》中还有许多脍炙人口的成语，如"退避三舍""言归于好""狼子野心""外强中干""鞭长莫及"等，这些成语仍被今人广泛使用。

今天看来，《左传》在思想性和艺术性上有许多值得肯定的地方，但它毕竟是两千多年前的著作，书中不可避免地存在着一些糟粕。比如，作者把历史的创造、社会的发展归之于天命，相信预言和占卜，显示了他的唯心主义史观。我们在阅读时要注意分析，取其精华，弃其糟粕。

位于山东肥城的左丘明墓园

> 《战国策》是战国时期纵横家的言行总集。

战国策

《战国策》又称《国策》《国事》，是一部国别体史书。它的作者已不可考，据后世推断，《战国策》并非一人所作，也不是一时所作，可能是战国时期游说之士、纵横家的言论和传说的汇编。

《战国策》的编定者是刘向（约前77—前6），字子政，西汉经学家、目录学家、文学家。西汉末年，刘向校录群书时在皇家藏书中发现了6种记录纵横家的写本，但是内容混乱，文字残缺。于是刘向按照国别编订了这部著作，因为书中所记录的多是战国时期纵横家的政治主张和外交策略，因此刘向把这本书命名为《战国策》。

《战国策》共33篇，约12万字。按国别记述，共有十二国策，即《东周策》一卷、《西周策》一卷、《秦策》五卷、《齐策》六卷、《楚策》四卷、《赵策》四卷、《魏策》四卷、《韩策》三卷、《燕策》三卷、《宋卫策》一卷、《中山策》一卷。《战国策》主要记录了上接《春秋》，下迄秦统一约240年间谋臣策士的种种谋策。以策士的游说活动为中心，反映出了这一时期各国政治、外交的情状。可以说，《战国策》是战国时期的一面镜子。

与《春秋》《左传》《国语》主要反映儒家思想不同，《战国策》表现了纵横家思想，反映了纵横家的人生观。在政治上他们崇尚谋略，强调审时度势，肯定举贤任能，在人生观上则是追求功名显达，富贵利禄。不过，《战国策》的思想内容又比较复杂，所记人物也反映出不同的价值取向，既有

《战国策》中记述了许多发生在战国时期的历史事件，对后世研究战国时期中国社会政治经济发展有着非常重大的意义，这幅图描绘的荆轲刺秦王的故事，就是出自《战国策》。

记载战国时期政治斗争的最完整的古籍是什么？《战国策》。

你知道吗

讲权术谋诈，图个人功名利禄的朝秦暮楚之徒，也有"为人排患、释难、解纷乱而无所取"之士。以书中的人物苏秦来说，他初以"连横"说秦，"说秦王书十上而说不行"，便以"合纵"说赵王，"赵王大悦，封为武安君，受相印。"以苏秦为代表的纵横家在战国时期的政治舞台上扮演着重要的角色，他们可以"出奇策异智"，可以"运亡为存"，可以左右几个国家的局势。《战国策》详细地记录了战国时期纵横家的言论和事迹，展示了他们的精神风貌和思想。此外，书中还记录了一些义勇志士的人生风采，如冯谖"以债赐诸民，因烧其卷"，刺客荆轲与燕太子丹易水边上悲歌而别，凛然舍生取义，给人留下深刻的印象。

《战国策》的思想价值，在于它反映了战国时代"士"阶层的崛起。"士贵耳，王者不贵"的声音，反映出士人精神的张扬。书中大量描写策士奔走于诸侯之间，纵横捭阖，令"所在国重，所去国轻"的重要作用和社会地位，可以说是一部士阶层，尤其是策士行迹的生动写照。而且，书中也反映了一些进步思想，如重民、破旧、用人等思想，还客观地鞭挞了荒淫无耻、阴险残暴的各类统治者，如李园、楚怀王夫人郑袖等。

《战国策》不仅是一部历史著作，也是一部非常好的历史散文。《战国策》长于议论和叙事，善于描写人物，文笔流畅，生动活泼，在我国散文史上具有重要的地位。《战国策》善于运用寓言故事把道理讲得深入浅出，极富启发性和哲理性。有些寓言故事运用得贴切自然，天衣无缝，如"画蛇添足""亡羊补牢""狡兔三窟""狐假虎威"等，都是流传千古的经典寓言。

画蛇添足

奇趣事实

> 《史记》被列为二十四史之首。

《史记》

《史记》是我国第一部纪传体通史，同时也是一部非常优秀的文学作品，被鲁迅称为"史家之绝唱，无韵之《离骚》"。在中国古代浩瀚的历史著作中，《史记》的地位和影响始终是首屈一指的。

《史记》的作者是司马迁（约前145—前90），字子长，夏阳（今陕西省韩城市南）人，西汉著名的史学家、文学家和思想家。司马迁10岁能"诵古文"，20岁时离开首都长安开始游历，游踪遍及南北，他到处考察风俗，采集传说。归来后，曾任郎中一职。汉武帝元封八年（前108年），司马迁任太史令。

司马迁的父亲司马谈在汉中央政府做太史令时，打算编写一部通史，但愿

望没有实现就死去了。临死的时候，嘱咐司马迁完成他未竟的事业。司马迁继承父亲的遗志，发愤著书。后来，他因替投降匈奴的李陵辩解，得罪了汉武帝，被捕入狱，被处以宫刑。狱中的司马迁忍辱负重，继续《史记》的创作。公元前91年，司马迁终于完成了《史记》。在搁笔后的第二年，司马迁就去世了。

《史记》是一部贯穿古今的通史，从传说中的黄帝开始，一直写到汉武帝元狩

◆ 司马迁像。
他是我国西汉伟大的史学家、思想家、文学家。

【知识讲堂】

《史记》在史学上的成就可以归纳为四个方面：一、是我国历史上第一部百科全书式的通史。二、创立了纪传体史书体例。三、阐明了司马迁的作史思想，标志着中国史学自觉的开始。四、在诸多历史形成要素中，突现了人的社会主体作用。

元年（前122年），叙述了我国三千年左右的历史。《史记》跨越时间很长，但它记述的重点是西汉时代。《史记》包括十二本纪、三十世家、七十列传、八书、十表，共五个部分，130篇，约53万字。其中，"本纪"是全书的提纲，按年月时间记述了帝王的言行政绩，如《五帝本纪》《秦始皇本纪》；"世家"记述了子孙世袭的王侯封国史迹和特别重要的人物事迹，如《孔子世家》《陈涉世家》；"列传"是重要人物和各行各业的传记，如《廉颇蔺相如列传》《滑稽列传》；"书"主要记载了礼乐制度、社会经济、天文地理等方

我国第一部纪传体通史是什么？《史记》。

你知道吗

面的内容，如《礼书》《乐书》；"表"用表格来简列世系、人物和史事，如《三代世表》《十二诸侯年表》。《史记》全面记叙了我国上古至汉初几千年来的政治、经济、文化多方面的历史发展，是中国古代历史的伟大总结。

《史记》借鉴了前代史著的体例，首创了以人物为中心的纪传体，在我国历史散文的发展史中具有承前启后的地位，也是传记文学发展成熟的标志。尤为难能可贵的是司马迁秉笔直书的精神。所谓秉笔直书，就是史学家必须忠于史实，既不溢美，也不苛求，按照历史的本来面貌撰写历史。正因为司马迁的实录精神，才使《史记》以信史闻名于世，司马迁也赢得了"中国史学之父"的美名。

《史记》不仅是一部优秀的史学著作，也是一部世人称颂的文学著作。全书规模宏大，体系完整，人物形象栩栩如生，语言生动简洁，对后世的纪传体史书和小说、戏剧、传记文学、散文等都有广泛而深远的影响。《史记》中的名篇有《项羽本纪》《淮阴侯列传》《李将军列传》等，都给人留下了深刻印象。如在《项羽本纪》中，司马迁用饱含深情的笔墨将项羽这位末路英雄描写得十分悲壮，字里行间洋溢对他的同情，读之催人泪下。《史记》中还有不少传世名句，如"项庄舞剑，意在沛公""智者千虑，必有一失""桃李不言，下自成蹊"等。

项羽是中国历史上的著名军事家，秦亡后自封"西楚霸王"，后在楚汉战争中为汉高祖刘邦所败，在乌江（今安徽和县）自刎而死。在西方人眼中，项羽是唯一可以和迦太基名将汉尼拔比肩的中国古代将领，被誉为"东方的汉尼拔"。

奇趣事实

《汉书》开创了我国断代纪传表志体史书。

汉书

《汉书》又名《前汉书》，是我国第一部纪传体断代史，其作者是东汉时期的历史学家、辞赋家班固。班固，字孟坚，东汉历史学家班彪之子，著有《两都赋》《答宾戏》《幽通赋》等。

《汉书》主要记载了上起汉高祖元年（前206年），下至王莽地皇四年（公元23年），共228年的史事。《汉书》原为100卷，后世将《汉书》分为120卷，共80万字。《汉书》的内容以类目分，可以分为4类：第一类是"帝纪"，共12卷，

班固像

是从汉高祖至汉平帝的编年大事记，如《高帝纪》《武帝纪》；第二类是史"表"，共8卷，记载了诸侯王、异姓诸侯王、外戚、各朝显臣及百官公卿大事，如《百官公卿表》《古今人物表》；第三类是"志"，共10卷，记载了礼乐、刑法、文化、社会经济等情况，如《地理志》《艺文志》；第四类是人物传记，共70卷，反映了西汉各种代表人物，如《贾谊传》《公孙弘传》。

《汉书》是继《史记》之后，我国史学史上出现的又一部辉煌的巨著。可以说，无论在编纂方法上，还是在反映的内容上，《汉书》都有自己的独到之处。《汉书》和《史记》都是纪传体，它们的体例有很多相似之处。但是，《汉书》并没有完全照搬《史记》的体例，班固在汲取前人辉煌成果的同时，作了许多必要的改进，如改革了《史记》中《世家》体裁，调整了《史记》中列传篇名的杂乱不一，经班固的精心编排，《汉

《汉书》对史学的贡献主要表现在以下几个方面：一、开创了断代史的叙史方法，体例为后世沿袭。二、扩大了历史研究的领域，开创了后代正史地理志及地理学史的研究。三、开创了目录学，是人们研究上古至西汉末年的学术发展演变的重要著作。四、确立了书志体，为后世典章制度史的编著所模仿。

书》的体例更显得布局严整，井然有序。

《汉书》全面系统地反映了西汉一朝的史实，具有珍贵的史料价值。《汉书》用"纪"和"传"这两种体裁反映了一大批西汉历史人物，其范围之广、人数之多，让人惊叹。作者在收录人物的同时，多引述其政治、经济策论，并且在很多传记中还附有重要的奏疏或文章。此外，《汉书》记载了大量边疆各少数民族的历史。比如，运用新史料将《史记·大宛传》扩充为《西域传》，叙述了西域几十个地区和邻

我国历史上开创目录学的著作是什么？《汉书》。

你知道吗

国的历史以补充，增补了大量汉武帝以后的史实；还对《史记》中的《匈奴列传》《南越列传》等作了补充，使之更详尽、更全面，这些传记都是研究我国少数民族历史的宝贵资料。

此外，《汉书》用"表"和"志"的形式记述了许多重要的典章制度。其中，以"十志"的史料价值最高。"十志"包括《食货志》《刑法志》《艺文志》等。《食货志》是一部从远古到西汉的经济发展简史，为后世开创了专篇记述经济制度的新局面。《刑法志》是我国古代的一部法律制度简史，为研究先秦和两汉的法律制度提供了

难得的史料。《艺文志》是我国目录学的开山，也是一部珍贵的古代文化史，历来为后世所推崇。

《汉书》在文坛上也享有盛誉，这与班固高超的写作技巧是分不开的。他十分注意不同人物性格的刻画，尤其注意细节的生动描写。《汉书》中的许多

人物都塑造得形神兼备，栩栩如生。如《匡张孔马传》中老奸巨滑的封建官僚张禹的形象，《苏武传》中大义凛然、视死如归的英雄苏武的形象，都让人印象深刻，读之不忘。

◆ 清·黄慎根据《汉书·苏武传》中的故事绘制的《苏武牧羊图》。

奇趣事实

> 罗贯中结合《三国志》中的史料创作了《三国演义》。

《三国志》

《三国志》是一部记载魏、蜀、吴三国鼎立时期的纪传体国别史，它记载了从魏文帝黄初元年（公元220年）到晋武帝太康元年（公元280年）共60年的历史。《三国志》的作者是西晋时期的陈寿（233—297），字承祚，曾任治书侍御史等职。据说他从48岁起，开始撰写《三国志》。

《三国志》全书65卷，包括《魏书》30卷、《蜀书》15卷和《吴书》20卷。《三国志》的内容主要包括"纪"和"传"两类。因为陈寿是晋臣，奉命修史，自然以魏为正统，称魏的君主为帝，立为"纪"；而对蜀、吴的君主，只是立为"传"，而且对晋的统治者难免有溢美之词，这是受历史和阶级的局限所致。

《三国志》行文简明、干净，记事翔实，善于用简洁的笔墨，写出传神的人物，将名士的风雅、谋士的方略、武将的威猛描写得栩栩如生。而且，在叙事中能做到隐讳而不失实录，扬善而不隐蔽缺点，可见作者在用曲折方式反映历史真实方面下了很大功夫。此外，《三国志》在材料的取舍上也十分严谨，为历代史学家所重视。史学界把《史记》《汉书》《后汉书》《三国志》合称前四史，视为纪传体史学名著。

▲《三国志》之"凤仪亭吕布戏貂蝉"插图

《后汉书》

《后汉书》是一部记载东汉历史的纪传体史书，其作者是南朝刘宋时期的历史学家范晔。范晔（398—445），字蔚宗，出生于士族家庭，一生狂狷不羁。元嘉九年（公元432年），范晔开始写作《后汉书》，元嘉

我国第一位在纪传体史书中为女性作传的史学家是谁？范晔。

二十二年（公元445年），范晔因参加彭城王的谋反被处死。所以，《后汉书》只有纪传部分流传了下来。北宋时，有人把晋朝司马彪的《续汉书》志30卷与之合刊，成为今天的《后汉书》。

《后汉书》主要记述了上起东汉的汉光武帝建武元年（公元25年），下至汉献帝建安二十五年（公元220年），共196年的史事。其主要内容有东汉时期的社会政治、经济、文化状况，朝代兴衰历变、历史大事件等，如党宦之争、党锢之祸、图谶盛行等史实，为我们展现了一幅波澜壮阔的历史画卷。《后汉书》继承了前代的纪传体制，但又有所创建。范晔在《后汉书》中取消了"表"，以后史家竞相效法；在人物类传方面，他结合了东汉社会的特点，创制了前代史书中所没有的《党锢》《宦者》《文苑》《独行》《逸民》《方术》《列女》七种新的类传，而后六种类传为后世大多数纪传体史书承袭。

除体例上的创新外，《后汉书》最显著的特点是观点鲜明，褒贬一语见的。比如，作者不为那些无所作为的大官僚立传，而为许多操行高尚的"一介之夫"写了《独行列传》，充分表明了他爱憎分明的态度；在《党锢传》中，正面歌颂了张俭、范滂和李膺等人刚强正直的风尚；在《杨震传》中，多处歌颂了杨震及其子孙廉洁奉公的家风。书中还刻画了大量生动的历史人物，如意气慷慨、威武不屈的臧洪，刻苦钻研，成就辉煌的天文学家张衡等，都写得血肉丰满，各有千秋。

《文姬归汉图》局部。范晔在《后汉书·列女传》中开创了为妇女立传的先例，著名的汉末女诗人蔡文姬就收在此传中。

奇趣事实

> 《资治通鉴》是我国第一部编年体通史著作。

《资治通鉴》

《资治通鉴》是中国第一部编年体通史，这部史学著作自诞生以来，无论是帝王将相，还是文人墨客都对它倍加赞赏。除《史记》之外，几乎没有任何一部历史著作堪与《资治通鉴》媲美。

《资治通鉴》的作者是北宋著名的历史学家、政治家司马光。司马光字君实，号迂叟。宋真宗天禧三年（公元 1019 年），司马光出生在一个世代官宦的家庭。他的父亲司马池曾官至兵部郎中，一生以清廉仁厚享有盛誉。司马光深受其父影响，自幼聪敏好学，7 岁时便能够熟练地背诵《左传》，并且能把两百多年的历史梗概讲述得清清楚楚。司马

△ 司马光像

光 20 岁时考中进士甲科，可以说是功名早成，但他并没有因此而停步不前，仍然潜心学习。

北宋时代，在中唐以来长期混战之后，实现了国家统一，经济和文化也随之发展起来。司马光面对百废待兴的局面，回顾历史，百感交集。为了有利于治国安邦，更好地解决现实矛盾，司马光总结历史经验教训，开始编著《通鉴》一书。历时 19 年，《通鉴》终于编辑完成。宋神宗认为该书"鉴于往事，有资于治"，而钦赐此书为《资治通鉴》。

《资治通鉴》全书分为

294 卷，约三百多万字。它记载了上起周威烈王二十三年（前 403 年），下迄五代后周世宗显德六年（公元 959 年），共 1300 多年的历史。全书按 16 个朝代分为十六纪，分别是《周纪》《秦纪》《汉纪》《魏纪》《晋纪》《宋纪》《齐纪》《梁纪》《陈纪》《隋纪》《唐纪》《后梁纪》《后唐纪》《后晋纪》《后汉纪》《后周纪》。《资治通鉴》的内容以政治、军事和民族关系为主，兼及经济、文化和历史人物评价，目的是通过对事关国家盛衰、民族兴亡的统治阶级政策的描述，以警示后人。《资治通鉴》所记述的内容详实可信，历来为历史学家所推崇，而且文笔生动流畅，质朴精练，不仅可以作为史学著作阅读，有些篇章也可以作为文学作品来欣赏。

司马光为编著《资治通鉴》付出了毕生精力，这部书完成后不到两年，他便积劳而逝。千百年来，众多帝王、文人、政治家争相阅读《资治通鉴》，这部史书的意

知识讲堂

《资治通鉴》在叙事之后都有附论，共 186 篇。其中，"臣光曰"有 102 篇，其余 84 篇是各家评论。裴子野的论占了 10 篇，司马迁的论只有 1 篇。以篇数来看，《汉纪》所占篇幅最多，其次为《唐纪》。

有"南宋笔记小说之冠"之称的著作是什么？《容斋随笔》。

你知道吗

容斋随笔

义已远远超过了司马光著史治国的本意，它不仅为统治者提供借鉴，也为全社会提供了一笔知识财富。

容斋随笔

宋代流传至今的笔记小说有三百多部，其中不乏精美之作。但是，唯有《容斋随笔》在这三百多部著作中最为出类拔萃，被历史学家公认为是研究宋代历史的必读之书。《容斋随笔》的作者是南宋著名文学家洪迈。洪迈（1123—1202），字景卢，号容斋。他学识渊博，一生涉猎典籍颇多，被称为博洽通儒。除撰写《容斋随笔》外，还有志怪小集《夷坚志》《野处类稿》等。

《容斋随笔》是全书的总名，分为《随笔》《续笔》《三笔》《四笔》和《五笔》，总计约 50 万字。《随笔》先后用了 18 年的精力，《续笔》用了 13 年，《三笔》用了 5 年，《四笔》不到 1 年，《五笔》没有按原计划写完 16 卷，只写到 10 卷洪迈便去世了。历时 40 余年写成一部巨著，可谓一生之作。

《容斋随笔》的内容博大精深，有对宋代典章制度、官场见闻、社会风尚的记述；有对宋以前王朝废兴、人物逸事、制度沿革的记述；还有去伪存真的考订，如情如理的分析。其考证辨析之确切，议论评价之精当，历来为后世所称道。《容斋随笔》与其他史学著作相比，具有以下几个优势：一、十分注重史料的准确性，并且所运用的材料十分广泛。洪迈不仅以诗文证史，而且还以碑石文字证史，以手本订正流行本，凡所订正，都十分精当。二、《容斋随笔》中记述了许多正史中所未载的较有价值的史料，弥补了史书的不足。三、《容斋随笔》中有大量学术性很强的文章，又有为数不少的典故。这种学术性与通俗性兼顾的体例，在笔记类著作中具有开风气之先的作用。

洪迈跋欧阳修《集古录》

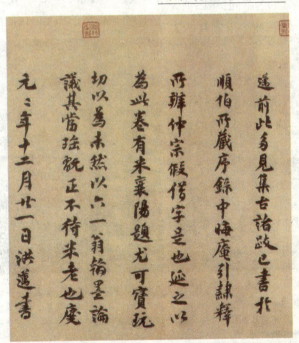

> 佛教的创始人是释迦牟尼。

佛学探义 >>>

→ 佛教与基督教、伊斯兰教并称为世界三大宗教。在我国，佛教是最重要的宗教之一，也是中国传统文化的重要组成部分。在千余年的发展中，佛教与儒教、道教等相结合、融会，形成了中华文明的主流之一，对我国社会、文学、艺术和生活都产生了深远影响。

小乘佛教和大乘佛教

在佛教创始人释迦牟尼逝世后，佛教内部由于对释迦牟尼所说的教义有不同的理解和阐发，形成了许多不同的派别。按照其教理等方面的不同，可归纳为大乘佛教和小乘佛教两大基本派别。"乘"是梵文 yana 的意译，音译为"衍那"，指运载工具，比喻佛法济度众生，像舟、车一样能载人由此岸到达彼岸。

小乘佛教也叫做"小乘教"，简称"小乘"，梵文音译"希那衍那"。小乘佛教在中国曾相当流行，中国最早流行的禅数学以及此后的昙学、成实学、俱舍学等，都属于小乘类。中国的律学和唐代创始的律宗，都是以小乘律本为依据的。小乘佛教的主要经典是后来在各部派中形成的经、律、论三藏。从信仰修证方面来说，小乘佛教的持戒很严，注重禅修，内观精密。小乘部派佛教通过"八正道"等自我修持，达到最高第四果阿罗汉果（断尽三界烦恼，超脱生死轮回）和辟支佛果（观悟十二因缘而得道）。

大乘佛教又称"大乘教"，简称"大乘"，梵文音译"摩诃衍那""摩诃衍"等。历史上广义的大乘佛教泛指当时的北传佛教，现代狭义的大乘佛教一般专指

小乘佛教在印度、泰国、缅甸等东南亚诸国比较盛行，隋唐时小乘佛教由缅甸传入云南西双版纳。如今在西双版纳的许多傣族村寨都能看到大大小小的小乘佛教佛塔、寺庙。上图为西双版纳著名的曼飞龙白塔，它就是一座小乘佛教建筑。

佛陀教诲的根本精神是什么？大乘佛教。

你知道吗

大乘菩萨拥有许多只手和器具，代表无限的决心和能力。

汉传佛教，它与南传、藏传共同组成佛教三大语系。大乘佛教包括信、愿、行、证四个阶次的修学，其主要内容为：菩萨，发菩提心，行六波罗蜜多，历十地而成佛。根据《大智度论》的三句话可以总括大乘佛教：1. 一切智智相应作意——一切智智即是无上菩提；2. 大悲为上首——发大悲心以普济众生之苦；3. 无所得为方便行——体证缘生空无我之义，忘我而为众生服役，严净国土。

观音、文殊、普贤、地藏是大乘佛教最著名的四大菩萨。观音菩萨象征慈悲；文殊菩萨象征智慧；普贤菩萨象征实践；地藏王菩萨象征愿力。四大菩萨都是慈航普度，助佛弘化而担当重任的法身大士，示现教化四种理想的人格，即：悲、智、行、愿。弘法方法上，大乘佛教注重信仰与实践，强调实事求是，因地因人制宜。总体来说，大乘佛教的特点是灵活开放、慈悲平等、普度众生、贴近生活。

四十二章经

《四十二章经》因包含42 篇经文而得名，一般认为是最早的汉译佛经，已经有近两千年的历史。《四十

知识讲堂

小乘佛教和大乘佛教有许多不同之处，例如，小乘教以罗汉的解脱为目标，大乘教则以菩萨道的圆满——成佛为目标。小乘佛教强调修炼自我的声闻乘，大乘佛教追求菩萨道的普度众生。小乘僧人可食"三净肉"，大乘僧人食素。

二章经》收在《大正藏》第十七册，其作者已不可考。

关于《四十二章经》的来历，历史上有这样一个传说：东汉永平七年（公元64 年）的一天晚上，汉明帝做了一个梦，梦见一位神仙如朝霞般降落在大殿前。第二天，他把自己的梦告诉群臣，询问是何方神圣。太史傅毅博学多才，告诉汉明帝他梦见的是西方天竺（印度）的佛。汉明帝非常高兴，于是派遣秦景、蔡愔等13 人去天竺求取真经。三年以后，他们和天竺国的两位高僧摩腾、竺法兰一起回到洛阳，开始翻译一部分佛经，相传就是现传的《四十二章经》。

《四十二章经》的经文都很短，非常朴素，直接，并且显得清新。全经大意说出家、在家应精进离欲，由修布施、持戒、禅定而生智慧，即得证四沙门果。文中包含了佛教基本修道的纲领。《四十二章经》的本经有多种异本，现存主要的有5 种：《丽藏》本；宋真宗

奇趣
事实

> 《六祖坛经》是研究禅宗思想渊源的重要依据。

注本；唐《宝林传》本；宋六和塔本；明代了童补注；宋代守遂注本。据考证，以上各版本中，《丽藏》本的年代最早。

《金刚经》

《金刚经》是佛教的重要经典之一，它大约于公元前994年成书于古印度。"金刚"二字指最为坚硬之物，喻指勇猛地突破各种关卡，让自己能够顺利地修行正道。

《金刚经》是如来世尊释迦牟尼在世时与长老须菩提等众弟子的对话记录，由弟子阿傩所记载。《金刚经》传入中国后，自东晋到唐朝共有六个译本，以鸠摩罗什所译《金刚般若波罗蜜经》最为流行，五千多字。唐玄奘译本《能断金刚般若波罗蜜经》八千多字，为鸠摩罗什译本的一个重要补充。

《金刚经》通篇讨论的是空的智慧。一般认为前半部说众生空，后半部说法空。《金刚经》的内容主要包括四个部分：全经纲领；观照实相；实践宗要；中道方法。全经纲领主要阐释了发"应灭度一切众生"之

这本《金刚经》书是世界上现存的最早的雕板印刷书籍，卷首有一幅画，上面画着释迦牟尼对他的弟子说法的故事，人物生动，表情逼真。

中国佛教著作仅有一部尊称为"经"的是什么？《六祖坛经》。

心；观照实相论述的是"凡所有相，皆是虚妄"；实践宗要阐释了"应无所住而生其心"；中道方法则论述了性空与幻有的辩证统一。

《金刚经》是佛经典中很特殊的一部，它最伟大之处，是超越了一切宗教性，但也包含了一切宗教性。《金刚经》对中国的历史和文化产生了深远影响。但由于其文字简洁、思想深奥，一般人很难全面透彻地理解其真正含义。因此，历史上佛教各派祖师多为《金刚经》作注讲解，流传最为普及的就是禅宗惠能的《六祖坛经》。

1900 年，在敦煌莫高窟发现了一卷印刷精美的《金刚经》，其图文风格之凝重、印刷墨色之清晰、雕刻刀法之纯熟令世人惊叹。经卷最后题有"咸通九年四月十五日"的字样。据后世研究，唐咸通九年，即公元868 年。可见，我国的印刷技术在唐代已经相当纯熟。这部《金刚经》是迄今所知世界上最早的有明确刊印

知识讲堂

《六祖坛经》的主旨是宣称人皆自性清净、本有佛性；主张自悟自修、无念无住；力倡顿悟说，是禅宗最主要的思想依据；对人们对佛学的诸多困惑予以坚定明确的阐释。它在历史上的地位与《论语》鼎足而立，并列为探索中国文化的经典。

日期的印刷品，被英国图书馆称为世界上最早的书籍。

六祖坛经

《六祖坛经》亦称《坛经》《六祖大师法宝坛经》，是中国禅宗最重要的典籍。《六祖坛经》是一部记载禅宗六祖惠能一生得法传宗的事迹和启导门徒言教的典籍，由惠能口述，弟子法海集录而成。

惠能（638—713），俗姓卢氏，佛教禅宗祖师，得黄梅五祖弘忍传授衣钵，继承东山法门，为禅宗第六祖，世称禅宗六祖。据说，弘忍在选择继承人时，让众弟子各作一首偈语。神秀作了一首"身是菩提树，心如明镜台，时时勤拂拭，莫使

有尘埃"的偈语，弘忍见到此偈后漠然不语。惠能见此偈语后，也作了一首："菩提本无树，明镜亦非台，本来无一物，何处惹尘埃。"第二天，弘忍把世代相传的法衣交给惠能，正式传他为禅宗六祖。

惠能的禅法以定慧为本，但他又将定慧的思想加以发展，认为觉性本有，烦恼本无；直接契证觉性，便是顿悟。惠能为禅宗的发展奠定了理论基础，对后来各派禅师建立门庭，影响极大。在他死后，他的弟子传承禅法，形成南北二宗。北宗即是荷泽神会门下，称荷泽宗；南宗则以南岳怀让门下的洪州宗、石头希迁一系的石头宗为代表。

《六祖坛经》的版本有很多，主要的版本有 5 种，即敦煌手抄本、惠昕本、流通本、高丽传本、明南藏本。坛经分为 10 品，即自序、般若、决疑、定慧、妙行、忏悔、机缘、顿渐、护法、付嘱，主要讲述了慧能的生平、拜师学道、开

> 玄奘是我国唐代伟大的翻译家。

示公案和临终嘱托等。《六祖坛经》中心思想是"见性成佛",即所谓"唯传见性法,出世破邪宗"。

《般若波罗蜜多心经》

《般若波罗蜜多心经》简称《般若心经》或《心经》,它是般若经类的精要之作。"般若"为梵语妙智慧一词的音译,意为"通达世间法和出世间法,圆融无碍,恰到好处,绝对完全的大智慧"。"波罗蜜"意指超越生死而度达解脱的彼岸。经者径也,学佛成佛之路。由于《般若波罗蜜多心经》的经文短小精悍,便于持诵,因此在中国广泛流传,其版本有

↑ 唐代书法家欧阳询的小楷《般若波罗蜜多心经》。

很多,但最著名的是唐代高僧玄奘翻译的版本。

玄奘(602—664),俗姓陈,名祎,唐朝著名的三藏法师,汉传佛教史上最伟大的译经师之一,与鸠摩罗什、真谛并称为中国佛教三大翻译家。唐太宗贞观三年(公元629年),玄奘历经艰难抵达天竺求取真经,并在天竺各地游学,名震五竺。贞观十九年(公元645年),玄奘回到长安,组织译经,共译出经、论75部,计1300多卷。玄奘所译的佛经,多用直译,笔法谨严,是我国珍贵的佛教文化遗产。

关于玄奘翻译《般若波罗蜜多心经》有这样一个传说:玄奘12岁出家后,遇到了一位老和尚。这位老和尚身上生了疥癞,没有人敢接近他,唯有年轻的玄奘法师每天侍奉他,为他洗脓血、涂药。不久,老和尚的疥癞病痊愈了。为感谢玄奘,老和尚把一部经书口传给了他。玄奘把经书牢记在心里,后来把它翻译了出

来。这部经书就是《般若波罗蜜多心经》。

《般若波罗蜜多心经》全经共260字,主要阐述了五蕴、三科、四谛、十二因缘等皆空的佛教义理。《心经》的主旨是观音菩萨教我们明心,因为"凡夫未明心,起烦恼作业,受无边生死苦",所以《心经》教我们要认识自己,自己不认识不能度自己,认识自己就能度自己,还要认识众生,认识众生就能度众生,诸佛认识自己,也认识众生,故诸佛成佛度众生。

历代对《般若波罗蜜多心经》的注释有200余种,最著名的有印度提婆的《心经注》1卷、中国僧人明旷的《心经略疏》1卷以及慧净的《心经疏》1卷等。

《妙法莲华经》

《妙法莲华经》简称《法华经》,为大乘佛教初期经典之一。《法华经》是佛陀释迦牟尼晚年所说教法,属于开权显实的圆融教法。在所有的佛经中,《法华经》

有"经中之王"之称的佛经是什么？《妙法莲华经》。

【知识讲堂】

《法华经》的独特之处在于它对佛法的总结性。佛法有大乘和小乘之分，《法华经》认为，世尊在以前所说的小乘、大乘等各种不同的教法都是善巧方便的说法，实际上并没有什么大乘小乘，所有的佛法只有一乘。

的地位很高，素有"经中之王"之称。

《法华经》是释迦牟尼佛晚年在王舍城灵鹫山所说，它的成书年代约在纪元前后，最晚不迟于公元1世纪。因为龙树菩萨（大约活跃于公元150—250年之间）的著作《中论》《大智度论》已引用《法华经》的经文义。《法华经》的内容包括28品，包括序品、方便品、譬喻品、信解品、药草喻品等。其中，见宝塔品被认为是反映了菩萨团体以佛塔为中心之信仰。寿量品则反映了菩萨们的佛陀观——将佛陀视为体现永恒生命者，久已成就，寿命无量。

《法华经》的主要思想为空无相的空性说和《般若经》相摄，兼说陀罗尼咒密护等，集大乘思想之大成。其主旨在于会三乘方便，入一乘真实。为弘扬佛陀的真实精神，《法华经》采用了偈颂、譬喻等，赞叹永恒的佛陀，说释迦牟尼佛成佛以来，寿命无限，现各种化身，以种种方便说微妙法。

《法华经》有多种汉译本，其中以鸠摩罗什翻译的《妙法莲华经》文辞最为优美、意义最为准确，所以它也是最为流行的汉译本，它在佛教思想史、文学史上，具有不朽的价值，是自古以来流传最广泛的经典之一。

《法华经》中的观世音菩萨普门品，是中国佛教界流行最为普遍的篇幅。它阐述了观世音菩萨普门示现、普门说法、普门救苦等救度众生的慈悲因缘，所以品名称为《观世音菩萨普门品》。

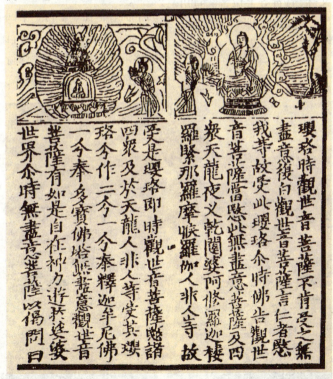

奇趣事实

> 《碧岩录》被誉为禅门第一圣典。

《华严经》

《华严经》的全名为《大方广佛华严经》，也被称为《杂华经》。《华严经》是大乘佛教修学最重要的经典之一，被大乘诸宗奉为"经中之王"。佛教世界有这样一个说法，如果能明了《华严经》，就是得到佛的全身。

据说，如来在成道后的第二个七日，于菩提树下为文殊、普贤等上位菩萨宣讲了一部佛经，即《华严经》。《华严经》分为上、中、下三本，文字浩繁，蔚为壮观。公元2世纪，印度龙树

菩萨在龙宫中读《华严经》时，方知佛法的博大精深，于是将其中最短的下本背诵下来带到了印度，这就是《华严经》最早的母本。东晋时，《华严经》从西域第一次传译到中国，共60卷。至唐代，又陆续出现了80卷本和40卷本。

80卷本的《华严经》流传较广，它是由唐代的实叉难陀翻译的，其内容是菩萨的十信、十住、十行、十回向、十地等法门行相和修行的感果差别，以及依此修行实践证得广大无量功德等，

【知识讲堂】

《华严经》的特点主要表现在以下四个方面：一、它义理丰富、逻辑严密、准确无误。二、它直接导致了华严宗的兴起。三、体系宏博、意蕴深刻，语句空灵美妙。四、构建起四法界、十玄无碍、六相圆融等哲学体系。

最后宣说诸菩萨依教证入清净法界、颂扬佛的功德海相等。《华严经》译本共四万五千偈，内容摄持了佛陀住世时的全部教法，微妙精深。

《华严经》在隋唐时十分盛行，直接促成了"华严宗"的形成。并且，"华严宗"不断发展成为汉地八大宗派之一，绵延至今。《华严经》对朝鲜、日本等国也产生了深远影响。7世纪时，新罗僧人义湘来中国学习《华严经》，回国后成为朝鲜华严宗初祖。8世纪时，《华严经》流传到日本。后来，

龙树菩萨，又译称龙猛，在印度佛教史上被誉为"第二代释迦"，大约活跃于公元150年至250年之间。他是中观派创始人，大乘佛教理论弘扬者，在佛教史上具有崇高地位。

反映佛教最完整的世界观的著作是什么？《华严经》。

你知道吗

《华严经》的流行最盛时期是在道宗时期。在他统治的年代，各地大建佛寺、佛塔，万部华严经塔也应是这一时期所建。

唐代高僧道睿东渡日本宣讲《华严经》，成为日本华严宗的初祖。

关于《华严经》的注疏有很多，比如印度龙树的《大不思议论》、中国杜顺的《华严五教止观》1卷、智俨的《华严搜玄记》10卷、《华严孔目章》4卷等。它们都是研究《华严经》的重要资料。

黄庭坚行书《华严经疏卷》

碧岩录

《碧岩录》的全称是《佛果圆悟禅师碧岩录》，亦称《碧岩集》，是宋代著名禅师圆悟克勤所著。圆悟克勤（1063—1135），俗姓骆，字无著，法名克勤。五祖"法演"门下有"三佛"，其中之佼佼者，当首推圆悟克勤。他的禅法荟萃各家精华，超宗越格，对禅宗的发展产生了很大的影响。

政和元年（公元1111年），克勤被任命为澧州住持，住在夹山灵泉院。在夹山期间，克勤对雪窦重显《颂古百则》进行注释，弟子们把它们记录并整理成书，以夹山的别名"碧岩"为题作书名，即《碧岩录》。在《碧岩录》中，克勤紧密联系禅宗的基本理论，把公案、颂古和佛教经论结合起来，为解释公案和颂古奠定了坚实的理论基础。

《碧岩录》共10卷，内容由重显禅师的百则颂古和圆悟的评唱组成。每一节的具体结构是：一、垂示，即对该则的案例提示纲要，加以引介。二、列出公案案例，其中夹注著语或评语。三、对该则案例加以评唱。四、列出雪窦重显的颂古诗，其中亦夹注著语或评语。五、对颂古诗作解说性评述。

《碧岩录》自问世后，就在禅林享有盛誉，有"禅门第一书"之称。雪窦大师的颂古百则，向来被认为是禅文学的典范之作。而圆悟大师的评唱，与原诗可谓珠联璧合，更为原诗添了几分光彩。从语言上来讲，《碧岩录》的语言富有诗意，显示出佛禅的生命，而且，书中还有许多生动有趣的故事，让人在故事中感受到禅机。正是由于这个缘故，《碧岩录》才被禅宗界所普遍接受。

奇趣事实

> 《茶经》是一部划时代的茶学专著。

生活撷取 >>>

→ 我们的祖先十分注重生活情趣，这种情趣在衣、食、住、行等方面都有体现。有一句话说得好，"书画琴棋诗酒茶，当年件件不离它"。是的，每天与书画相伴，听琴瑟合鸣，品酒论茶，继而感月吟风，何其风雅！人生的各种况味尽在其间。下面就让我们走进祖先的生活，去体验各种雅趣吧！

《茶 经》

《茶经》是中国乃至世界现存最早、最完整、最全面介绍茶的专著，被誉为"茶叶百科全书"。这部伟大著作的作者是唐代的陆羽。

陆羽（733—804），字鸿渐，号竟陵子，又号"茶山御史"。他学识渊博，淡泊名利，一生研究茶道，被认为是中国茶道的奠基人，

▲ 茶圣陆羽

世人尊他为"茶神""茶仙"。公元760年，为避安史之乱，陆羽在浙江苕溪（今湖州）隐居。其间，他悉心总结了前人和当时茶叶的各种知识，亲自调查和研究，完成了《茶经》的创作。《茶经》一问世，就成为人所至爱，被盛赞为茶业的开创之功。

《茶经》是一部关于茶叶生产的历史、源流、现状、生产技术以及饮茶技艺，茶道原理的综合性论著。《茶经》约7000字，全书分为上、中、下3卷，共10节的内容。上卷包括3节：一之源，讲茶的起源、名称、品质及功用；二之具，讲采茶制茶的用具，如采茶篮、蒸茶灶等；三之造，论述茶的种类和采制方法。中卷包括1节：四之

器，讲述煮茶、饮茶的器皿，如风炉、茶釜、茶碗等。下卷包括6节：五之煮，讲烹茶的方法和各地水质的优劣；六之饮，讲饮茶的风俗，陈述唐代以前的饮茶历史；七之事，叙述古今有关茶的故事；八之出，将唐代全国茶区的分布归纳为八大茶区，并谈各地所产茶叶的优劣；九之略，分析采茶、制茶用具可依当时环境，省略某些用具；十之图，提出把《茶经》所述内容写在素绢上挂在座旁，《茶经》内容就可以一目了然。

陆羽在《茶经》下卷的"五之煮"中，详细论述了水质对茶的影响。自唐以来，择水就成为饮茶的一个非常重要的环节，烹茶鉴水也是中国茶道的一大特色，

世界上第一部介绍茶的著作是什么?《茶经》。

你知道吗

在唐宋年间,人们对饮茶的环境、礼节、操作方式等饮茶仪程都很讲究,有了一些约定俗成的规矩和仪式。茶宴有官庭茶宴、寺院茶宴、文人茶宴之分。上图为明代文徵明的《惠山茶会图》,描绘了文徵明和几位诗友在有"天下第二泉"之称的无锡惠山泉品茗的情景。

因为水中不仅承载着茶的色香味韵,且含蕴了茶道的精神内涵、文化底蕴和高雅深沉的审美情趣,故有"水为茶之母"之说。关于水质的优劣,《茶经》中说:"其水,用山水上,江水中,井水下。"意思是说,烹茶以山中之水为上;以江水为中;以井水为下。陆羽认为,山水中以"拣乳泉、石池漫流者"为上。乳泉多指含有二氧化碳的泉水,喝起来有清新爽口的感觉,最适宜煮茶,如虎跑泉水;江水以远离人烟、植被生长繁茂、污染物较少的江、河、湖水为沏茶好水,如浙江桐庐的富春江水。《茶经》中

的"其江水,取去人远者"就是这个意思。至于井水的选择,陆羽认为,"井取汲多者"。也就是说,要到水质洁净、经常有人汲水的井中去提取。

《茶经》是中国古代最完备的一部茶书,它详细地论述了唐代及唐代以前的茶叶历史、产地、茶的功效、栽培、采制、煎煮、饮用等方面的知识,使茶叶生产从此有了比较完整的科学依据,对茶叶生产的发展起过一定的推动作用。《茶经》将普通的茶事升格为一种美妙的文化,推动了中国茶文化的发展。

自《茶经》之后,茶叶专著陆续问世,如宋代蔡襄的《茶录》、宋徽宗赵佶的《大观茶论》、明代钱椿年的《茶谱》、张源的《茶录》、清代刘源长《茶史》、程雨亭的《整饬皖茶文牍》等,共计一百多种。可惜的是,大部分著作都已失传,所以,《茶经》就显得更加珍贵,这是陆羽对全人类的一大贡献。

知识讲堂

自古以来,茶就与佛教有着千丝万缕的联系。陆羽在《茶经》中有不少对佛教的颂扬和对僧人嗜茶的记载。在茶事实践中,茶道与佛教之间找到越来越多的思想内涵方面的共通之处,禅茶就是在这样的基础上产生的。

祖先的遗产

奇趣事实

> 《十六汤品》的内容以《茶经》中的"五之煮"为基础。

《十六汤品》

《十六汤品》是中国茶道的代表之作，在茶文化史上有着不可或缺的价值。据考证，《十六汤品》约作于唐末五代，至迟作于宋初。《郑堂读书记》说此书："似宋元间人所伪托，断不出于唐人。"

《十六汤品》的作者是苏廙，约为晚唐五代或宋初人，他是一位候汤大家和点茶大家。历史上关于苏廙的记载很少，所以其事迹已不可考。陶谷的《清异录》说："苏廙仙芽传第九卷载作汤十六法，以谓汤者茶之司命，若事茶而滥汤，则与凡末同调。煎以老嫩言者凡三品，以缓急言者丹三品，以器类标者共五品，以薪火论者共五品。"

《十六汤品》全书仅一卷，书中的内容是将陆羽《茶经》中的"五之煮"分为"第一沸（鱼目）、第二沸（涌泉连珠）、第三沸（腾波鼓浪）"等三项微状分析，再衍化成十六项——谓之"十六汤品"。书中说："水沸时，可分三品；注汤缓急，可分三品；汤器种类不同，可分五品；燃料不同，亦可分五品。一共十六品。"并为每一汤品冠以形象的比喻，分别为："第一品得一

> 古人历来认为，茶叶好，水质佳，如煎汤不得法，则未必能煎出好茶，故煮茶是饮茶的关键。右图为明代丁云鹏的《煮茶图》。

第一本关于紫砂茗壶的专著是什么？《阳羡茗壶系》。 你知道吗

汤、第二品婴汤、第三品百寿汤、第四品中汤、第五品肠脉汤、第六品大壮汤、第七品富贵汤、第八品秀碧汤、第九品压一汤、第十品缠口汤、第十一品减价汤、第十二品法律汤、第十三品一面汤、第十四品宵人汤、第十五品贼汤、第十六品大魔汤。"

《十六汤品》开篇即言："汤者，茶之司命。若名茶而滥汤，则与凡末同调矣。煎以老嫩言者凡三品，自第一至第三。注以缓急言者凡三品，自第四至第六。以器类标者共五品，自第七至第十一。以薪火论者共五品，自十二至十六。"以今天的角度来看，苏廙从煎茶用火的"老嫩"，从注茶的"缓急"，从器皿的选择，从煎茶用料四个方面归纳为十六品茶汤，详尽细腻，对于茶汤的考究真可谓登峰造极。书中还介绍了以铜、铁、铅、锡、瓦为器皿来论述，考究了茶的气味的吸附性，这些都是值得后人去认真学习的。

知识讲堂

用紫砂壶泡茶具有以下优点：一、茶香浓郁持久，能有效防止香气散失。二、透气性能好，不透水，具有较强的吸附力。能提高茶汤的晚期酸度，起到杀菌作用。三、保温时间长。四、紫砂壶适应冷热急变的能力极佳，因此提携不易烫手。

《十六汤品》在唐、宋时盛行一时，但是到了元、明时期，由于淘汰固型茶，水与汤的神秘性也被破除，所以这本茶书再无人问津。但是，如果今天我们细细地品读，不难发现古人治学的严谨和对于茶的钟爱。

阳羡茗壶系

在林林总总的烹茶器皿中，紫砂壶可以称得上是最出类拔萃的一种。明万历年间，即公元 1600 年前后，紫砂壶的技艺就已相当成熟了。几个世纪以来，紫砂壶不仅是国人最认可的茶具，也是世人称颂的艺术品。明清文化在小小的紫砂壶中传承流变，中华文化深厚的底蕴全部积淀在此。

古往今来，关于紫砂工艺品的著作有很多，《阳羡茗壶系》是目前已知的第一本关于紫砂茗壶的专著，其作者是明代学者周高起。周高起（1596—1654），名伯高，江苏省江阴县（今江阴市）人，我国早期茶学、佛学、紫砂三界专业评论家。周高起学识渊博，喜爱收藏，精于鉴赏，对宜兴紫砂颇有研究。他将传说及亲眼所见的紫砂相关工艺记录下来，编辑而成《阳羡茗壶系》。

《阳羡茗壶系》分创始、正始、大家、名家、雅流、神品、别派等章节。书中将紫砂工艺的发展过程及制壶名家逐一著述，并将紫砂壶的各种风格、特点详细论述。此外，还列举了作者所

▲ 紫砂壶

> 《随园食单》是清代论述烹饪技术和南北菜点的重要著作。

见的一些流传下来的紫砂工艺品,是研究明代紫砂壶最重要的资料,极具学术价值。

《随园食单》

《随园食单》是一部论述烹饪技术和南北菜点的著作,它的作者是清代诗人袁枚。袁枚(1716—1797),字子才,号简斋,晚年自号仓山居士、随园主人。袁枚生性淡泊、洒脱,一生不为功名所累,三十多岁时便在随园隐居,从此,他在这里度过了五十多年的诗意人生。袁枚许多著作都诞生在随园,如《小仓山房诗文

▲《随园食单》自问世以来,被厨者公认为经典,并有英、法、日等语种译本在国外盛行。

集》《随园诗话》《随园随笔》《随园食单》等。

《随园食单》表面看只是一个食谱,但出自袁枚之手,其文风和观点自然与一般食谱大相径庭。因此,这部食谱经常被后世文人所提及。《随园食单》出版于乾隆五十七年(公元1792年)。全书除了序之外,包括须知单、戒单、海鲜单、江鲜单、特牲单、杂牲单、羽族单、水族有鳞单、水族无鳞单、杂素菜单、小菜单、点心单、饭粥单和茶酒单共14个方面。

《随园食单》用大量的篇幅详细地记述了我国14世纪至18世纪流行的326种南北菜肴饭点,也介绍了当时的美酒名茶。我们从中可以看出,中国菜肴几百年来没有发生多少根本性的变化,今天的很多菜系可以说是古代菜系的传承。在须知单中,袁枚开宗明义地说:"学问之道,先知而后行,饮食亦然,作须知单。"这一篇可以作为饮食通则,历来为后人称颂。书中尤为

值得一提的是"茶酒单",此篇对于南北名茶均有所评述,此外还记载着不少茶制食品,颇有特色。比如,此篇中提到了一种"面茶",制作方法是将面用粗茶汁熬煮后,再加上芝麻酱、牛乳等作料,面中散发淡淡茶香,滑而不腻;而"茶腿"是经过茶叶熏过的火腿,肉色火红,肉质鲜美而茶香四溢。这些茶制食品都给人留下了深刻印象。

《随园食单》的文字简单清爽,无论是文人墨客,还是饕客食家,都对这本书推崇倍至,被认为是热爱美食的人必读之书。

《棋经》

围棋古称弈,是中华民族传统文化中的瑰宝,同时也是人类历史上最悠久的一种棋戏。古人常以"琴棋书画"论及一个人的才华和修养,其中的"棋"指的就是围棋。围棋将科学、艺术和竞技三者融为一体,对于发展智力、培养意志有很大的帮助。因此,几千年来一

被视为厨者的经典的著作是什么？《随园食单》。

你知道吗

《棋经》的内容大致包括：规格等级、品德作用、术语、战略战术等，还记载了一些善于博弈者的名字。书中常引用经传中的句子，来说明博弈之道由来已久，并用经典语作为每篇的结尾。《棋经》的篇章虽然短小，但是却隐藏大智慧。

直长盛不衰。

宋仁宗皇佑年间（1049—1054），翰林学士张拟写了一部关于围棋的著作，即《棋经》，因为全书分为13个篇章，所以也被称为《棋经十三篇》。《棋经》参考《孙子兵法》的体制，运用朴素的唯物主义观点，总结了我国历代围棋技法的宝贵经验，全面继承和发展了我国古典的围棋理论，是世界围棋史上最重要的理论著作之一。《棋经》问世九百多年来，历代棋手都受到这本书的影响。

《棋经》包括论局篇、得算篇、权舆篇、合战篇、虚实篇、自知篇、审局篇、度情篇、斜正篇、洞微篇、名数篇、品格篇和杂说篇。

其中最著名的当属第四合战篇，其开篇就指出"博弈之道，贵乎谨严"，意思是说下围棋时，首先应该有严谨认真的态度。关于弈者的战术及心理，合战篇有一句名言："善胜者不争，善阵者不战。善战者不败，善败者不乱。"意思是说，善于战胜对手的人并不在局部相争，善于列阵的人并不在局部较量，善于作战的人不会失败，善于失败的人即使失败也不会溃乱。

《棋经》第一次真正建立起一个围棋作战理论体系，标志着我国古典围棋理论发展到了一个新的高度。此外，它第一次阐述了弈者的品质问题："胜不言，败不语""安而不泰，存而不骄"。这些观点至今还为棋手们所称道。

唐《围棋仕女图》绢画，1972年出土于吐鲁番阿斯塔那，表现了一位女子精心布子的专注神情。

奇趣
事实

> 《橘中秘》是我国象棋史上划时代的巨著。

《橘中秘》

据说，唐朝宰相牛僧儒是一位象棋爱好者和改进者，棋子中的"炮"便是他的发明。他的著作《玄怪录》中有一个篇章叫"巴邛人"，讲述有个巴邛人，家中橘园里结了两个特大的橘子。秋天下霜后采摘下来，剖开一看，里面坐着两个老头，正谈笑自若地下象棋。由于这篇神话的影响，古人便把下象棋称作橘中戏、橘中乐。因此，明代的象棋高手朱晋桢有一部传世之作就叫做《橘中秘》。

朱晋桢，字进之，生于象棋世家，被称为"无敌者"。他与哥哥朱翼维、侄子朱尔邺的象棋造诣都很深。朱晋桢青年时代屡试不第，科场失意，但聪明过人，诗词歌赋琴棋书画无一不精，尤以象棋著称于世，据说他驰骋棋坛三十多年，所向无敌。朱晋桢把千余年来象棋研究的成果加以采集、归纳、充实、发挥，同时对象棋的分类和棋谱编定方面提出了一些新的创见，编辑而成了《橘中秘》。崇祯壬申年（公元1632年），由其兄朱翼维赞助刻印出版了《橘中秘》。《橘中秘》一问世，各种象棋名谱如《象棋秘》《金鹏谱》《梦人神机》等均销声匿迹，由此可见这部著作的影响之大。

《橘中秘》共四卷。一、二卷是全局着法，分得先、饶先与饶子，着重介绍了斗炮局，包括顺手炮和列手炮的各种变化；三、四卷是140局（现存103局）实用残局，详细剖析各种胜局和棋势。

《橘中秘》书影

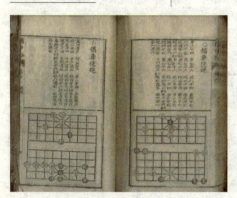

《橘中秘》条理清晰，品评精湛，容易掌握和运用，因此受到后世象棋爱好者的欢迎和推崇，成为我国流传最广、版本最多、影响最大的一部象棋谱。因此，《橘中秘》与《梅花谱》并列，为传世两大象棋谱之一。

《瓶史》

《瓶史》是一部关于插花艺术的著作，它的作者是明代文学家袁宏道。袁宏道（1568—1610），字中郎，号石公，荆州公安（今属湖北公安）人。他在文学上最大的成就就是提出"独抒性灵，不拘格套"的性灵说，即强调诗歌创作要直接抒发诗人的心灵，表现真情实

中国早在两千年前就有了原始的插花意念和雏形,到唐朝时已盛行并在宫廷中流行,在寺庙中则作为祭坛中的佛前供花。宋朝时期插花艺术已在民间得到普及,并且受到文人的喜爱。如南宋李嵩的花篮图(上图),花篮造型制作精致美观,有优美的花纹、萱草、石榴、牡丹、蜀葵等半开或盛开,色彩艳丽,错落有致,姿态飘逸,生机勃勃。

感。袁宏道一生热爱自然山水,喜爱品茗赏花,是一个非常有生活情趣的人。

袁宏道结合插花艺术的特点以及自己的审美情趣,写出了《瓶史》一书,从鉴赏角度论述了花瓶、瓶花及其插法。这部著作共12篇,加上"小引",共13篇,分为2卷。上卷为瓶花之宜、之忌、之法;下卷分花目、品第、器具、择水、宜称、屏俗、花崇、洗沐、使令、好事、清赏、监戒

等。在《瓶史》中,袁宏道对花材的选择、花器的选用、供养的环境以及插法、品赏等都有较详尽的分析和阐述。

关于插花一节,袁宏道说:"插花不可太繁,亦不可太瘦,多不过二种三种。高低疏密,如画苑布置方妙。"关于花瓶的选择,他说:"花宜与瓶相配,高于瓶约四五寸,若瓶高二尺,腹底宽大,则花出瓶口以二尺六七寸为佳。"他认为,

花瓶可以分为两类:富翁的大厅堂宜用大瓶插长枝大花;学者书斋中则宜用小瓶插较小的花,所插的花亦宜慎择。关于赏花,他说:"茗赏者上也,谈赏者次也,酒赏者下也。"这些审美观点在今天看来,仍然符合美学的标准,具有实用意义,给后人带来许多启迪。

《瓶史》自成书至今,近四百年来备受人们的推崇,无疑是今天我们学习和研究我国插花艺术不可多得的资料。这部著作不仅在中国影响深远,在日本也享有盛誉,日本著名的"袁派"插花即源于此。

现代插花艺术

奇趣
事实

> 《禽经》是我国最早的一部关于鸟类的著作。

禽经

《禽经》是我国最早的一部关于鸟类的文献。一般认为，这部著作的作者是春秋时期的师旷。师旷（约前572－前532），名旷，字子野，晋国著名音乐家。师旷精通音律，并善用琴声表现自然界的音响，描绘飞鸟飞行的优美姿态和鸣叫，据说《阳春》《白雪》均出自师旷之手。师旷的著作仅存《禽经》一部，但是很多典籍中并没有这部著作的记载。南

宋的《直斋书录解题》第一次提到了这部著作，称此书为晋人张华注，以后的一些著作沿袭了这种说法。

《禽经》全文三千余字，是作者在参阅前人有关鸟类著述的基础上，总结了宋代以前的鸟类知识，包括命名、形态、种类、生活习性等内容编写而成的。《禽经》记载了六十余种鸟类，其中有许多都是以往著作中未提到的种类，如鸥、信天翁等。书中还细致地观察了一些鸟类的栖息地，总结出一些有规律性的认识。如戴胜"树穴，不巢生""山鸟岩栖""原鸟地处"等。书中对鸟类在不同的季节对气象的反映也作了记载，如鸢类"飞翔则天大风"，鸥"随潮而翔，迎浪避日"，泽雉"啼而麦齐"等。书中还认为，鸟类

▲《禽经》是我国最早的鸟类知识专著，具有很高的文献价值。

的食性会导致其形态结构的差异。如"谷食短啄""物食长啄""搏则利嘴"等。此外，书中还提到鸟类的群居性，如"雁、鹜群栖，且飞有行列""小不逾大，飞有次序"等。

从《禽经》的内容来看，虽然有些简略、粗糙，但仍不失为一部有价值的动物学著作，它所记载的很多鸟类对现代的研究都有参考作用，而且它作为我国第一部鸟类著作，其地位是无可取代的。

《洛阳牡丹记》

"洛阳地脉花最宜，牡丹尤为天下奇。"这句流传千古的诗句道出了洛阳牡丹的珍奇。是的，洛阳的牡丹天下闻名，有"洛阳牡丹甲天下"之称。自古洛阳人爱花成俗，宋代邵雍的名诗"洛阳人惯见奇葩，桃李开花未当花，须是牡丹花盛发，满城方始乐无涯"，正是这种习俗的真实写照。

《洛阳牡丹记》是一部关于洛阳牡丹的专著，其作

我国第一部关于牡丹的专著是什么？《洛阳牡丹记》。

者是欧阳修。欧阳修（1007—1073），字永叔，号醉翁，晚年又号六一居士，北宋时期政治家、文学家、史学家和诗人。欧阳修与韩愈、柳宗元、王安石、苏洵、苏轼、苏辙、曾巩合称"唐宋八大家"。欧阳修是北宋诗文革新运动的领袖，提倡简而有法、流畅自然的文风，反对浮靡雕琢和怪僻晦涩的写法。其作品《朋党论》《醉翁亭记》《秋声赋》都是历代传诵的佳作。

景祐元年（公元 1034 年），欧阳修目睹了牡丹盛开时，洛阳居民遍插花的情景，深为洛阳人爱牡丹的民风所感染，于是遍访民间，将洛阳牡丹的栽培历史、种植技术、品种、花期以及赏花习俗等作了详尽的考察和总结，撰写了《洛阳牡丹记》一书。这部著作包括 3 篇：第一篇为《花品序》，列举了 24 种牡丹的品种；第二篇为《花释名》，讲述不同品种的牡丹的名称由来；第三篇为《风俗记》，讲述民间关于牡丹的风格及牡丹的栽种事宜。

《洛阳牡丹记》开篇即点题："牡丹出丹州、延州，东出青州，南亦出越州。而出洛阳者，今为天下第一。"意思是说，牡丹产于丹州、延州，往东则有青州，南面的越州也产牡丹。而洛阳的牡丹，现在是天下第一。关于牡丹的风俗，书中这样记载："洛阳之俗，大抵好花。春时城中无贵贱皆插花，虽负担者亦然。"意思是说，洛阳百姓大多喜欢花，一到春天，城里不分贵贱都要插花，即便是挑担子卖苦力的也不例外。这些记载为人们研究牡丹的风俗提供了依据。

知识讲堂

《洛阳牡丹记》是一部具有学术价值的著作，它以详实的语言将牡丹的品种、栽培历史、名称由来、生长特点以及洛阳的风俗一一介绍，不仅为人们研究牡丹的历史提供了可靠依据，也为研究北宋时期洛阳的风俗提供了资料。

洛阳牡丹始于隋，盛于唐，而"甲天下"于宋，特别是在北宋时期，洛阳不仅是牡丹栽培中心，同时出现了一批具有重要学术价值的牡丹专著，为牡丹研究推广及发展作出了杰出的贡献。

祖先的遗产

奇趣事实

> 《菜根谭》是明代的一部语录体著作。

修身处世 >>>

→ 古往今来，多少仁人志士孜孜以求为人处世之道。中国古代有许多关于修身处世的著作，如《菜根谭》《颜氏家训》《朱子家训》等，它们都是修身处世的经典著作。这些伟大的著作所蕴涵的深刻哲理被后世奉为"真经"，至今仍然闪烁着智慧的光芒。

《菜根谭》

《菜根谭》是一部论述修养、人生、处世、出世的语录汇集，被誉为旷古稀世的奇珍宝训。其作者是明代的洪应明。洪应明，字自诚，号还初道人，生卒年代已不可考。根据他的另一部作品《仙佛奇踪》，我们能知道关于他的一些简略的生平事迹。他早年热衷于仕途功名，晚年归隐山林，洗心礼佛。万历三十年（公元1603年）前后，他曾居住在

《菜根谭》书影

南京秦淮河一带，潜心著述，与袁黄、冯梦桢等人有所交往。

《菜根谭》的诞生是与洪应明生活的历史背景密切相关的。明朝社会进入后期，政府统治力下降，腐败现象日趋严重；与此同时，市民阶级发展壮大，科技不断进步，市民阶级的思想更加活跃，言论也趋向自由。世俗社会、平民社会已经取代了贵族社会。一些有见识的知识分子在经历了仕途的风波之后，既不愿意与当权者同流合污，也不愿意迎合世俗的社会风气，纷纷退隐江湖。这一时期，诞生了不少表现知识分子超脱情怀的作品，《菜根谭》就是其中之一。

《菜根谭》成书于明万

历年间，距今已有近四百年的历史。书名《菜根谭》，取自宋代诗人汪革的话："人就咬得菜根，则百事可成。"意思是说，一个人只要坚强地适应清贫的生活，不论做什么事情，都会有所成就。明代学者于孔兼在为《菜根谭》写的"题词"中，进一步阐述道："以'根谭'名，固自清苦历练中来，亦自栽培灌溉里得，其颠顿风波、备尝险阻可想矣。"这句话的大意是，人的才智和修养只有经过艰苦磨炼才能获得。

《菜根谭》是以处世思想为主的格言式小品文集，采用语录体的形式写成。它糅合了儒家的中庸思想、道家的无为思想和释家的出世思想，可以说，是一部关于

被誉为"圣典"的语录体古籍是什么？《菜根谭》。

菜根谭 你知道吗

人生处世哲学的表白。《菜根谭》分前后两集，前集225条，后集135条，共360条。全书分为5部分，即修身篇、应酬篇、评议篇、闲适篇和概论篇。每个篇章都很精彩，每个篇章都有一些流传千古的名言警句。如修身篇中的"欲做精金美玉的人品，定从烈火中煅来；思立掀天揭地的事功，须向薄冰上履过"，应酬篇中的"倚高才而玩世，背后须防射影之虫；饰厚貌以欺人，面前恐有照胆之镜"，评议篇中的"荣宠旁边辱等待，不必扬扬；困穷背后福跟随，何须戚戚"，闲适篇中的"遍阅人情，始识疏狂之足贵；备尝世味，方知淡泊之为真"，概论篇中的"醲肥辛甘非真味，真味只是淡；神奇卓异非至人，至人只是常"等。从这些佳句中可以看出，《菜根谭》的文字简练明隽，对仗工整，含义深邃，耐人寻味。可以说，《菜根谭》是一部有益于

人们陶冶情操、磨炼意志、奋发向上的通俗读物。

从内容上看，《菜根谭》一书可以称得上是"性命之学"。全书散发着中国文化源头儒、道、佛三家智慧的光芒，闲静中见跌宕，舒缓中有功力。《菜根谭》是作者在归隐山林后，凭着自身的修身功底随意吟诵而出的。因此，全书无系统性，内容分散，人们对这本书的认识都比较模糊，每个人看这本书都会有不同的感觉。

在相当长的时间里，《菜根谭》并未受到足够的重视，清乾隆间编纂《四库全书》连存目都未收入。但是近年来，一股《菜根谭》热风行于海内外。无论是商

◄ 洪应明生活的年代，明朝已逐渐衰败，社会动荡不安，一些在仕途上经历挫折的文人纷纷退隐江湖。他们的作品也表现出高逸超脱的情怀。《菜根谭》就是这时候的代表。

奇趣事实　颜氏家训

>《颜氏家训》是我国古代家庭教育理论的瑰宝。

业界、管理界，还是文学界、哲学界都对《菜根谭》推崇倍至，把《菜根谭》中的名言佳句奉为至理。

《颜氏家训》

儒家知识分子历来重视教育，家训便是儒家知识分子在立身、处世、为学等方面教育训诫其后辈儿孙的家庭教育读物。开我国家训之先河的著作是《颜氏家训》，它是我国古代家庭教育理论宝库中的一份珍贵遗产。

《颜氏家训》的作者是南北朝时期著名的思想家、教育家、文学家颜之推。颜之推（531—约595），字

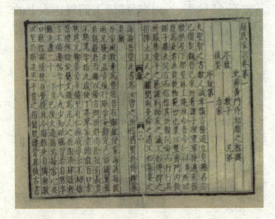

元刻本《颜氏家训》

介，原籍琅邪临沂（今山东临沂县），生于士族官僚家庭。他少时聪敏，博览群书，文采斐然，19岁就被任为国左常侍，深得梁武帝赏识。后投奔北齐，历20年，官至黄门侍郎。公元577年，北齐为北周所灭，他被征为御史上士。公元581年，隋代北周，他又于隋文帝开皇年间，被召为学士，不久病终。颜之推的一生，"三为亡国之人"，这在《颜氏家训》一书中是有深刻反映的。

《颜氏家训》成书于隋文帝杨坚时期。全书共7卷20篇：即《序致》《教子》《兄弟》《后娶》《治家》《风操》《慕贤》《勉学》《文章》《名实》《涉务》《省事》《止足》、《诫兵》《养生》《归心》《书证》《音辞》《杂艺》《终制》，内容广泛涉及儒学、佛

学、道家、玄学、史学、文学、音韵、训诂、风俗习惯以及当时各地的生活方式，"又兼论字画音训，并考定典故，品弟文艺"。

《颜氏家训》主要是以传统儒家思想教育子弟，讲如何修身、治家、处世、为学等，其中有许多具有积极意义的见解。如提倡学习，反对不学无术；认为学习以读书为主，又要注意工农商贾等各种技艺和知识，主张"学贵能行"，反对空谈高论，不务实际。书中对南朝士大夫虚浮柔弱之风进行了深切的揭露和批判，还对南北朝社会风气、习俗经常提出批评，如反对重男轻女和买卖婚姻；提倡锻炼身体以养生，反对苟且偷生和炼丹服药追求长生；认为仕宦出处，要听其自然，反对钻营官职，贪图利禄，这在当时是难能可贵的。

《颜氏家训》中的许多篇章都广为流传。其中《文章》篇专谈文学问题，奠定了颜之推在中国文学批评史上的地位；《勉学》篇鼓

开后世"家训"之先河的著作是什么？《颜氏家训》。

【知识讲堂】

《颜氏家训》对后世的意义表现在以下几个方面：一、本书所阐述的儒家伦理思想，许多在今天仍具有现实意义。二、书中对当时社会的各个方面都有详尽记述，具有认识价值。三、本书具有一定学术价值，记载了许多重要的研究成果。

励子女靠勤学自立于世，而不要靠祖上的庇荫养尊处优；《兄弟》《治家》篇宣传父慈子孝、兄友弟恭、夫义妇顺，主张对亲友部属要乐于帮助、宽大为怀；《归心》篇宣传佛教思想，体现了颜之推思想的复杂性；《书证》《音辞》两篇论述古书训诂、音韵问题，表现出作者在这方面很深的造诣。也有人根据《归心》《书证》《音辞》等篇章将《颜氏家训》归入杂家。

总体来说，《颜氏家训》是一部有着丰富文化内蕴的作品，它不仅在家庭伦理、道德修养方面对我们今天有着重要的借鉴作用，而且对研究古文献学、研究南北朝历史、文化都有着很高的学术价值。而且，从文学的角度来说，《颜氏家训》语言优美，许多篇章读来饶有趣味，而且对人物性格的刻画也十分鲜明，读之过目不忘。

但是，《颜氏家训》毕竟是封建时代文人训诫子孙的教育读本，不可避免地具有一些体现封建色彩的落后消极的成分。比如，在《兄弟》《后娶》等篇中就表现出根深蒂固的男尊女卑的观点；《归心》篇则侈谈因果，具有深厚的迷信色彩。此外，不少篇章还体现出明哲保身的思想。所以，我们在阅读时要注意取舍。

▶ 颜之推很重视对儿童的教育。他认为，人在小的时候精神专一，可以更好地学习，而长大以后，思想分散，因此，必须早些教育。

奇趣事实 【抱朴子内篇】

> 《抱朴子》在道家体系中具有重要的地位。

抱朴子·外篇

魏晋是我国历史上思想较为活跃的阶段。这一时期，众多的士人争相对哲学、政治、伦理、道德、文学等方面问题发表自己的见解。葛洪的《抱朴子·外篇》就是在东晋初年完成的一部著作。

葛洪（284—364），字稚川，自号抱朴子，东晋著名道教学者、炼丹家、医药学家。他出身于江南士族，其祖在三国吴时历任御史中丞、吏部尚书等要职。葛洪的从祖葛玄是三国时期大名鼎鼎的方士，他学贯古今，是对葛洪影响最大的人物。葛洪13岁丧父，家道中落。16岁起，始读儒书，以儒学知名。葛洪为人心直口实，不随世变，未遇知者，终日不言。乡人皆称其为"抱朴之士"，后来，葛洪著书就以"抱朴子"自号。葛洪曾受封为关内侯，后隐居罗浮山炼丹，著有《神仙传》《抱朴子》《肘后备急方》《西京杂记》等。

《抱朴子》一书由《抱朴子内篇》和《抱朴子外篇》两部分组成。这两部分原是两部书，《内篇·序》说它们是"名起次第"的，《内篇·黄白》也记载《外篇》早于《内篇》。《道藏》将其两书刻在一处，并且在《内篇》之后、《外篇》之前，间隔一种《抱朴子别旨》。明人刻此书，从《道藏》中取出，总名为《抱朴子》。

《抱朴子·外篇》主要谈论社会上的各种事情，属于儒家的范畴，也显示了作者先儒后道的思想发展轨迹。《外篇》涉及的内容是多方面的，《弭讼》等9

▲《抱朴子》书影

知识讲堂

从《抱朴子·外篇》中可知，葛洪的政治观主要表现在三个方面：一是反对豪族垄断仕途。二是主张严刑峻法以治国。三是出现对封建纲常的维护而对无君论进行的批判。这些政治主张的目的在于创造一个清明的政治局面。

篇论述时政得失，讥刺世俗，言治民之法；《臣节》等7篇评人事臧否，主张藏器待时，克己思君；《君道》等14篇谏君主任贤举能，爱民节欲，独掌权柄；《勖学》《崇教》2篇论超俗出世；《交际》等5篇论修身；《钧世》等7篇论文言著书之贵；《诘鲍》篇主张有君；《博喻》《广譬》2篇皆譬喻，重复诸篇思想；《自叙》一篇乃自传体，亦为全书之序。总之，《抱朴子》将玄学与道教神学、方术与金丹、丹鼎与符、儒学与仙学纳为一体，从而确立了道教神仙理论体系。

通过阅读《外篇》，我们可以看出葛洪的思想和

被后世尊为"小仙翁"的道教学者是谁？葛洪。

你知道吗

态度。他的基本态度是"不忍违情曲笔，错滥真伪"，不惧怕"取憎在位，招摈于时"，从而以苦言直辞"弹断风俗"。《酒诫》《讥惑》等篇直言不讳地抨击了社会存在的各种弊病。葛洪的这种不畏强御的精神与当时的粉饰现实之作有天壤之别，是非常值得后人肯定的。

此外，《外篇》还阐述了进步的文学观，强调要注重思想内容和社会作用，主张立言必须有助于教化，同时提倡文章与德行并重；强调文学批评要注意作者的风格、个性，要广录博收，反对偏嗜和浅尝。《外篇》中涉及文学问题的有《钧世》《尚博》《辞义》《文行》《百家》等。他在《辞义》中说："古诗刺过失，故有益而贵；今诗纯虚誉，故有损而贱也。"这句话很好地体现了葛洪不喜浮华、崇尚质朴的风格。葛洪还主张对古今的作品都要进行全面、公允而客观的评价，不能听凭主观的好恶。比如，他在《钧世》篇中提出"古书者虽多，未必尽美"，学习者应当把它当做"山渊""采伐渔猎其中"。这种思想给后人许多启示。

纵观《抱朴子·外篇》全篇，它极富说理性和感染力。文中旁征博引，说理透彻；长于正反论说，辩证而允当；长于分析与推理，精微而缜密；善用比喻以说理，形象而生动；说理富有情感色彩，情理相生。所以，《抱朴子·外篇》也不失为一部文学佳作。

▲ 元·王蒙《葛稚川移居图》。此图画葛洪携子侄徙家于罗浮山炼丹的故事。

祖先的遗产

奇趣事实

▷许慎是中国文字学的开拓者。

籍典大成 >>>

→ 文字的出现使人类从蛮荒岁月逐渐走向了文明生活。在我国历史上，关于文字的著作有很多，无论是《说文解字》《康熙字典》，还是《永乐大典》《四库全书》，都是历史留给我们的最厚重的记忆。今天，当我们以景仰之心翻阅这一部部伟大的著作时，不能不为祖先那超群的智慧而折服。

《说文解字》

《说文解字》是中国第一部系统地分析汉字字形和考究学源的字书，也是流传最广的中文工具书，其编著者是东汉的经学家、文字学家许慎。许慎（约58—147），字叔重，他性情淳笃，博学经籍，有"五经无双许叔重"之誉。他曾担任太尉府祭酒，师从经学大师贾逵。东汉和帝永元十二年（公元100年），许慎开始编著《说文解字》，于安帝建光元年（公元121年）完成了这部卷帙浩繁的著作。

《说文解字》简称《说文》，是首部按部首编排的汉语字典。关于《说文解字》的书名，许慎这样解释："仓颉之初作书也，盖依类象形，故谓之文。其后形声相益，即谓之字。文者，物象之本；字者，言孳乳而浸多也。"《说文解字》共15卷，其中包括序目1卷。这部著作是以小篆书写的，逐字解释字体来源，全书共分540个部首，收字9353个，另有"重文"即异体字1163个，共10516字。

《说文解字》的内容十分丰富，包罗万象。许慎的儿子在《上说文解字表》里这样评价它："慎博问通人，考之于逵（贾逵），作《说文解字》，六艺群身之诂皆训其意，而天地，鬼神，山川，草木，鸟兽，昆虫，杂物，奇怪，王制，礼仪，世间人事，莫不毕载。"由此可见，《说

✦仓颉是替黄帝记事的史官，传说他面有四目，识字很多。他在总结前人的经验的基础上，制成了一套为大家所公认的文字。

112

我国第一部按部首编排的字典是什么？《说文解字》。 你知道吗

《说文解字》的价值不仅限于解说汉字，研究汉字本身，可以称得上是东汉末以前的百科全书。

《说文解字》的体例是先列出小篆，如果古文和籀文不同，则在后面列出。然后解释这个字的本义，再解释字形与字义或字音之间的关系。许慎之所以把小篆作为收字和注释的对象，有着深刻的历史原因。因为小篆是一种经过系统整理的文字，比籀文和古文都规范、完备；而且，小篆从籀文脱胎而来，与籀文大多相同，所以把小篆作为字头也就涵盖了那些与小篆相同的古文和籀文。

《说文解字》的优势主要表现在两个方面：一是开

许慎雕像

创了部首检字的先河，后世的字典大多采用这个方式。清代经学家段玉裁称这部书"此前古未有之书，许君之所独创"。二是在造字法上提出象形、指事、会意、形声、转注、假借的"六书"学说。并在《说文解字·叙》里对"六书"做了全面的、权威性的解释。从此，"六书"成为专门之学。

六书反映在字的构形上只有象形、指事、会意、形声这前四书，分析这四书都有一套程式化的用语。比如，书中对于象形字多使用"象形""象某形"这类用

语，对于指事字的说解用语与对象形字的说解用语大致相同，对于会意字最经常使用的说解是"从某，从某""从某某"，对于形声字的说解，多使用"从某，某声""从某从某，某亦声"等。转注是给同义词造字的一种方法，许慎在正文中从未提及。至于假借，许慎指出了一些字的假借用法，用"故为""故以为"等用语说明假借义与本义存在着引申关系。

研究《说文解字》，不仅可以让我们了解汉字的渊源，而且可以让我们了解古代的政治、经济、文化、风俗等方面的知识，有助于我们博古通今。历代对于《说文解字》都有许多研究者，清朝时研究最为兴盛。段玉裁的《说文解字注》、朱骏声的《说文通训定声》、桂馥的《说文解字义证》、王筠的《说文句读》尤备推崇，四人也获尊称为"说文四大家"。

知识讲堂

《说文解字》在汉字学史上的重要性表现在四个方面：一、创造了字典式的体例。二、总结了小篆线条的规律，保留了古文、籀文和小篆的原来面貌。三、保存了研究汉字发展历史和规律的资料。四、保存了历史、文献、文化的原始资料。

> 《康熙字典》是中国第一部以字典命名的汉字辞书。

《康熙字典》

《康熙字典》是我国具有深远影响的汉字辞书，由清代的大手笔张玉书、康熙皇帝的老师陈廷敬等三十多位著名学者奉康熙圣旨编撰而成。《康熙字典》的编撰工作始于康熙四十九年（公元 1710 年），成书于康熙五十五年（公元 1716 年）。

《康熙字典》是中国第一部用"字典"命名的字书，也是中国历史上第一部官修字典。这部恢宏的字书是依据明朝的《字汇》《正字通》两书加经增订完成的，全书共 42 卷，字数达

时至今日，《康熙字典》仍是不可替代的工具书，是阅读古籍、整理古文献、从事古文化研究的重要参考书，尤其是在世俗文学研究如敦煌学领域，它是必备的工具书。

47035 个，比《字汇》多 13000 多字，是中国当时的字书之最。《康熙字典》采用部首分类法，按笔画排列单字，字典全书分为 12 集，以十二地支标识，每集又分为上、中、下 3 卷，并按韵母、声调以及音节分类排列韵母表及其对应汉字，十分便于查阅。

《康熙字典》是一部宏篇巨著，它取材丰富，文化内涵颇为深、广，对中国古代汉文字的研究与发展产

生了巨大的推动作用，对后代字书影响很大。《康熙字典》可以查找到清康熙以前所有字书所失收的字，是汉字研究的主要参考文献之一。它的文字、音义、书证被广泛引用，它的体例也成为了后世出版字书的蓝本。时至今日，《康熙字典》仍有不可替代的作用，是阅读古籍、整理古文献、从事古文化研究的必备之书。

《康熙字典》的版本有很多，最著名的是康熙五十五年的武英殿版本，这一版本民间很少见到。此外，还有道光十一年的武英殿版本等。随着电子技术的发展，《康熙字典》的电子版本也问世了，更加方便了人们的查询。

永乐大典

《永乐大典》是中国古代最大的百科全书，它的纂修是我国文化史上的一件大事。《永乐大典》所征引的材料，都是完整的抄录原文，因而许多宝贵的文献都保存了原貌，成为中华民族

知识讲堂

《康熙字典》是历代字书的集大成之作，它的优点主要表现在以下几个方面：一、收字相当丰富，在很长一个时期内是我国字数最多的一部字典。二、它以 214 个部首分类，并标有注音、出处及参考等，便于查阅。三、除了僻字僻义以外，差不多每字每义下都有例子，便于理解。

你知道吗

中国古代最大的百科全书是什么？《永乐大典》。

珍贵的文化遗产。

明永乐元年(公元1403年)，朱元璋第四子朱棣夺取政权，改年号为"永乐"。为了炫耀文治，朱棣命翰林院学士解缙、太子少保姚广孝为监修，编纂一部大型类书，用以系统地收集天下古今书籍，以便于查考。为此，解缙组织了一百多人进行编纂。明永乐六年，这部恢宏的巨著编修完成，朱棣阅读后感到很满意，并亲自撰写了序言，赐书名《文献大成》，后改名为《永乐大典》。

《永乐大典》汇集了上自先秦，下迄明初的八千余种古书典籍，全书正文 22 877 卷，总字数约 3.7 亿。《永乐大典》收录的内容包括：经、史、子、集、戏剧、工技、农艺、医学、文学等，可以说是无所不包。《永乐大典》不仅篇幅巨大，还配有白描手法绘制的精致插图，形态逼真，而且书面设计得庄重典雅，被中外专家学者誉为有史以来世界上罕见的珍品。

《永乐大典》编成后，即珍藏在南京的文渊阁。永乐十九年，北京紫禁城建成后，朱棣迁都北京，《永乐大典》被移至北京，深藏在故宫内的文昭阁里。1860年，英法联军侵占北京，丢失《永乐大典》不计其数；1900 年，八国联军侵占北京，残存的《永乐大典》被肆意掠夺，现分散于世界各地，今存不到 800 卷。

嘉靖三十六年（公元1557 年），大明王宫内的一场火灾危及文昭阁。火灾之后，嘉靖皇帝决定将《永乐大典》再抄一部副本保存。到了 1567 年，副本的抄录工作完成。为了区别于原本，人们把《永乐大典》的原本称为正本。目前所见的《永乐大典》都是明嘉靖的副本，正本一直下落不明，成为人们一直关注的未解之谜。

残存的嘉靖副本由于其重要的文献价值被学术界视为珍宝。

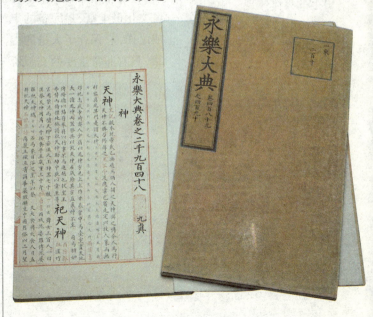

> 《四库全书》是中国古代最大的一部丛书。

《四库全书》

乾隆三十七年（公元1772年），安徽学政朱筠提出《永乐大典》的辑佚问题，得到乾隆帝的认可。于是，乾隆帝诏令将所辑佚的书汇编在一起，名为《四库全书》。乾隆三十八年（公元1773年）二月，在纪昀、陆锡熊、孙士毅的指导下，《四库全书》正式开始编修，到1793年始全部完成。《四库全书》的编纂是"康乾盛世"在文化史上的具体体现。

"四库"之名，源于初唐，初唐时期的官方藏书分为经、史、子、集四个书库，号称"四部库书"或"四库之书"。《四库全书》的内容十分丰富，共收录古籍3503种，装订成36000余册，约10亿字。这部卷帙浩繁的著作分为经、史、子、集四部，所以称为"四库"。其中"经部"分为易、书、诗、礼、春秋等10部，"史部"分为正史、编年、纪事本末等15类，"子部"分为儒家、兵家、法家等14类，"集部"分为楚辞、别集、总集等5类。

《四库全书》是中华传统文化最丰富、最完备的集成之作，它保存了大量的古籍，具有非常重要的文献价值和史料价值，中国的文、史、哲、理、医等几乎所有的学科都能够从中找到它的源头和血脉。从结构上来说，《四库全书》不仅规模宏大，而且检阅方便，它在古籍整理的方法和编写方法上对后世人有很大的启发。但是，《四库全书》的编撰也有一些不足之处。其一，编者重视儒家著作，把儒家著作放在突出的位置；轻视科技著作，除了农家、医家收录少数科技著作外，一般科技著作是不收录的。其二，对于一些古籍有删节或篡改的现象，给后世的研究带来不便。

《四库全书》在修成至今的二百多年间，其命运与近代中国一样，历经坎坷曲折。抄写完成的七部《四库全书》，流传至今的仅有三部半，其中文渊阁本原藏北京故宫，现藏台北故宫博物院；文溯阁本现藏于甘肃省图书馆；避暑山庄文津阁本现藏于中国国家图书馆；而残缺的文澜阁本则藏于浙江省图书馆。

↑《四库全书》是中国历史上规模最大的一套丛书，基本上包括了清乾隆以前我国重要的古籍。

精神传承

阅尽五千年的悠悠历史，
品读人世间的沧桑荣辱，
蓦然发现，
是民族精神铸就了民族之魂。
感受这伟大的精神力量，
让民族精神代代相传。

奇趣事实

> 岳飞及其子岳云都是抗金名将。

中华民族精神 >>>

→ 中华民族是一个伟大的民族。在五千多年的发展过程中，中华民族形成了以爱国主义为核心，团结统一、爱好和平、勤劳勇敢、自强不息的伟大民族精神。中华民族精神深深根植于延绵数千年的优秀文化传统之中，是支撑中华民族生存发展的精神支柱，也是维系华夏儿女共同生活的精神纽带，是中华民族之魂。

忠贞爱国

"中国"在每一个炎黄子孙的心里都是一个神圣的字眼。从我们开始学习的第一天起，老师就教育我们要热爱自己的祖国。爱国就是对祖国的忠诚和热爱，爱国的内容十分广泛，热爱祖国的山河，热爱民族的历史，关心祖国的命运，在危难之时英勇战斗，为祖国捐躯，都是爱国主义的表现。

在中华民族五千年的发展历程中，形成了以爱国主义为核心的伟大的民族精神。从古至今，有许多仁人志士都具有强烈的爱国主义精神，以国事为己任，前仆后继，临难不屈。抗金英雄岳飞、宁死不屈的文天祥、抗倭将领戚继光、忠贞殉国的邓世昌……这些民族英雄，怎能不让人感动！正是在这种可贵的精神的驱使下，中华民族才能历经劫难而不衰，中华儿女才能紧密地团结在一起。

岳飞（1103—1142），字鹏举，南宋杰出军事家，与韩世忠、张俊、刘光世并称为南宋中兴四将。岳飞少年时便怀有报国之志，据说其母曾在他背上刺了四个字"精忠报国"，让他铭记国耻，报效祖国。岳飞的青

✦ 岳母刺字。在岳飞小的时候，他的母亲便教导他要练好本领，长大后报效国家，一雪国耻。为了让他时刻铭记教诲，岳母便在他的背上刺下了"精忠报国"四个字。

儒家文化强调的"舍生取义"是一种什么精神？爱国精神。

你知道吗

↑ 文天祥

年时代，正是金女真族对宋发动大规模掠夺战争之时，岳飞便投军抗金。他作战有勇有谋，数败金兵，声威大振。然而，正当抗金战役取得辉煌胜利的时刻，朝廷却要与金求和。岳飞十分愤慨，他大胆抨击了宰相秦桧策划的用心不良的投降活动，使秦桧怀恨在心。最终，秦桧以"莫须有"之罪名将岳飞处死。一代民族英雄就这样含冤而死，但是岳飞的凛然正气与天地共存。

文天祥（1236—1283），字宋瑞，号文山，南宋后期杰出的军事家、爱国诗人和政治家。宋恭帝德祐元年（公元 1275 年），因元军大举进攻，宋军的长江防线全线崩溃，文武百官纷纷出逃。然而，文天祥没有临阵脱逃，他积极联络各地的抗元义军，坚持斗争。祥兴元年（公元 1278 年），文天祥兵败被俘。元世祖爱其才，不忍杀害他，然而，无论怎样的威逼利诱都不能使他屈服，只好将他囚禁于狱中。最终，文天祥大义赴死。他为我们留下了大量爱国主义诗词，如《过零丁洋》《正气歌》等。《过零丁洋》中的"人生自古谁无死，留取丹心照汗青"已成为千古绝唱，是中华民族爱国精神的象征。

邓世昌（1849—1894），原名永昌，字正卿，清末海军爱国将领、民族英雄。邓世昌少年时就聪颖好学，有才干。1868 年，他怀着救国的志愿，以各门课程考核皆优的成绩考入福州船政学堂学习航海。毕业后曾任"琛海"兵船大副，"海东云"舰、"振威"舰、"飞霆"舰等兵船管带。1879年，李鸿章筹办北洋海军，他被调到北洋海军，任"镇南"炮船的管带。1894 年9 月 17 日，在大东沟海战中，邓世昌指挥"致远"舰奋勇作战，后在日舰围攻下，"致远"多处受伤全舰燃起大火，船身倾斜。当"致远"舰就要沉没时，管带邓世昌毅然驾舰全速撞向日本主力舰"吉野"号，决意与敌人同归于尽，不幸被"吉野"舰的鱼雷击中而沉没。在落水后，邓世昌的爱犬"太阳"用口衔住他的手臂欲将其救起，邓世昌毅然将"太阳"按入水中，自己也沉没于滚滚波涛之中，与全舰官兵一同壮烈殉国。光绪帝垂泪为邓世昌撰联"此日漫挥天下泪，有公足壮海军威"。

【知识讲堂】

福州船政学堂是中国近代第一所海军学校，其创办者是时任闽浙总督的洋务派代表左宗棠。严复、许寿山、刘步蟾等都毕业于这所学校。福州船政学堂开创了中国近代海军教育的先河，对中国近代海军教育产生了重要的影响。

奇趣
事实

> 毕昇发明的胶泥活字印刷术是世界上最早的活字印刷技术。

民族英雄的伟大事迹激励着一代又一代的人，亿万中华儿女会将爱国主义精神发扬光大，让中华民族以威武的雄姿永远屹立于世界民族之林。

与时俱进

与时俱进是中国的民族精神之一，至今仍被后人奉为民族精神的瑰宝。"与时俱进"一词并不是现代人的首创，其实它最早出自《易经》。《易经》乾卦中有"终日乾乾，与时偕行"的句子，意思是说君子从早到晚都是勤奋自励，并且行动上要跟上时代的节拍。后人就将这句话演绎成了与时

甲骨文

俱进这一词。

我们的祖先十分注重与时俱进的精神，他们深知，如果不能够更新知识，就会落伍。因此，他们一直在追赶着时代的脚步，不断创新。造纸术和印刷术的发明就是与时俱进精神的体现。

最初，我们的祖先把文字刻在龟甲或兽骨上，称为甲骨文。商周时代，又把需要保存的文字铸在青铜器上或刻在石头上，称为钟鼎文、石鼓文。春秋时期，人们开始把文字写在竹片或木片上，称为简牍。另外，也有用绢帛写字的，但材料十分昂贵。以上几种书写材料都有各自的弊端，于是，东汉的蔡伦决定发明一种既书写便利又经济实惠的材料。他总结了前人造纸的经验，把树皮、麻头、破布和破渔网等东西剪碎或切断，放在水里长时间浸渍，再捣烂成浆状物，经过蒸煮，然后在席子上摊成薄片，放在太阳底下晒干，这样纸就制成了。用这种方法造出来的纸，体轻质薄，很

▲ 毕昇发明的胶泥活字版模型

适合写字。可以说，正是因为纸的文明，我们的文明才得以传播下来。

在印刷术诞生之前，人们出版一本著作完全要靠手工抄写，质量无法保证。随着墨和纸的问世，雕版印刷术诞生了。但是，它操作起来相当繁琐，要将通篇文章用反手刻在木板上，这个操作过程往往要持续几个月甚至几年。北宋的发明家毕昇经过长期摸索，发明了活字印刷术。毕昇的活字以胶泥为原料，将它烧制成型后可以在铁框内随意调换位置，这样就大大减少了操作的时间。而且，印刷结束后，活字还可以取下来，以备下次使用。可以说，毕昇在近千年以前发明的活字印刷术，已经大体上具备了近代活字

"与时俱进"一词的出处是哪里?《易经》。

你知道吗

祖逖、刘琨"闻鸡起舞"

印刷术所具备的基本原理和操作程序,毕昇也因此被誉为印刷业的鼻祖。

今天,时代变化得更快了,新事物层出不穷,与时俱进这一民族精神在现代社会更具有积极的意义。一个人要想在现代社会中立足,就必须时刻保持与时俱进的观念,以适应形势的快速变化。

自强不息

"天行健,君子以自强不息"这句话出自《易经》,意思是说君子应该像天宇一样运行不息,即使颠沛流离,也不屈不挠。是的,中华民族十分看重自强不息的精神。老子的"胜人者有力,自胜者强"、屈原的"路漫漫其修远兮,吾将上下而求索"、朱熹的"百尺竿头,更进一步"等名言都是自强不息精神的体现,至今为后人传颂。

自强不息的精神就是一种努力上进,永不松懈的精神。自古至今,中华民族自强不息的精神浸透着每一个人的灵魂,正因为如此,泱泱大中华才能不断壮大。历史上有许多关于自强不息精神的故事,"闻鸡起舞"就是其中之一。《晋书·祖逖传》记载,东晋时期的将

领祖逖少年时就有远大的抱负,每次和好友刘琨谈论时局,总是慷慨激昂,满怀义愤。为了报效国家,他们在半夜一听到鸡叫,就披衣起床,拔剑习武,刻苦锻炼。寒来暑往,从不间断。功夫不负有心人,经过长期的刻苦学习和训练,他们终于成为文武全才。祖逖被封为镇

知识讲堂

晋朝的车胤和孙康都是自强不息精神的代表人物。因为家贫,车胤将萤火虫收集在布袋里,利用萤火虫的光读书;孙康则借着夜晚的雪的反光读书。这就是《三字经》中"如囊萤,如映雪。家虽贫,学不辍"的由来。

121

> 岳阳楼与滕王阁、黄鹤楼并称为江南三大名楼。

西将军，实现了他报效国家的愿望；刘琨做了征北中郎将，发挥了他的文才武略。他们为晋国立了不少大功，成为国家的栋梁之才。

厚德载物

"厚德载物"一词出自《易经·大象》，原句是"地势坤，君子以厚德载物"。意思是说，大地的气势厚实和顺，君子应该增厚美德，容载万物。与"厚德载物"经常相提并论的一句名言是"上善若水"，因为它和"厚德载物"所蕴涵的意义是一样的，所以常被人们放

↑ 帝舜，姚姓，有虞氏，名重华，尧帝的女婿，因建国于虞，故称虞舜或有虞氏。

在一起使用。此外，关于厚德载物精神的名言还有很多，如孔子的"君子坦荡荡，小人长戚戚"、《菜根谭》中的"君子之心事，天青日白，不可使人不知；君子之才华，玉韫珠藏，不可使人易知。"

厚德载物是中华民族自古以来就提倡的民族精神，也是炎黄子孙历来所推崇的可贵品质。古人认为，君子的胸怀要像大地宽广，没有任何东西不能包容；只有德行高尚的人才能成就大事。说到厚德载物的君子，三皇五帝之一的舜可能是中国最早具有这种品德的人了。相传舜的父亲瞽叟是个盲人，母亲很早就过世了。父亲续娶，继母生一子名叫象。舜的父亲心术不正，继母两面三刀，弟弟桀骜不驯，几个人串通一气，想置舜于死地。幸运的是，舜躲过了几次劫难。他知道此事是家人的恶意所为后，并不怪罪他们，依然对父母十分孝顺，与弟弟十分友善。舜的这种宽仁孝友的品

德十分受儒家的推崇，所以他的人格形象被认为是儒家伦理学说的典范。

范仲淹(989—1052)是北宋著名的政治家、文学家，也是一位厚德载物的君子。他少时家贫，却从不抱怨环境的艰苦；功成名就后热心执政，宽以待人，并乐于提拔青年，名将狄青就是经范仲淹的举荐而被朝廷重用的；变法失败后，他被撤职调离，却依然忧国忧民，在岳阳楼上留下了争光日月的千古名句："先天下之忧而忧，后天下之乐而乐。"这正是对中国士人情怀的完美阐释，也是范仲淹一生的真实写照。范仲淹勤奋、正直的精神激励了一代

名垂千秋的《石鼓书院记》出自谁之手？朱熹。

岳阳楼位于湖南省岳阳市的洞庭湖畔，它与江西南昌的滕王阁、湖北武汉的黄鹤楼并称为江南三大名楼。范仲淹脍炙人口的《岳阳楼记》更使岳阳楼名扬天下。

又一代国人；而"先天下之忧而忧，后天下之乐而乐"的品格也成为中华民族品德的代表。

实事求是

"实事求是"一词最早出现于东汉史学家班固撰写的《汉书·河间献王传》。刘德是汉景帝的第三子，封在河间（今河北河间县）为河间王，死后谥献，所以称"河间献王"。刘德酷爱藏书，从民间收集了很多先秦时期的旧书，并细心地加以整理。他脚踏实地、刻苦钻研书中的学问，获得了很多人的赞誉。因此，班固在编撰《汉书》时，替刘德立了"传"，并在"传"的开头对刘德的好学精神作了高度评价，赞扬刘德"修学好古，实事求是"。意思是说，刘德爱好古代文化，对古代文化的研究十分认真，总是在掌握充分的事实根据以后，才从中求得正确可靠的结论来。从此，实事求是成为中华民族赞誉的美德。

我国古代把实事求是精神作为一种严谨的治学态度以及治学、治史的座右铭。从古至今，有许多学者都积极倡导"实事求是"的态度，如圣人孔子、理学家朱熹以及物理学家丁肇中等。孔子曾用"知之为知之，不知为不知"来教育弟子，认为求知贵在务实，知道的就是知道，不知道的就是不知道，这才是求知最可贵的态度。朱熹一生热心于教育事业，孜孜不倦地授徒讲学，教育学子要"格物致知"，即推究事物的原理法则而总结为理性知识，这也是一种实事求是的态度。诺贝尔奖得主丁肇中在面对学生的提问时，对不懂的问题都谦虚地表示不知道，这种做人的谦逊和治学的严谨态度令人肃然起敬。

实事求是精神鼓舞了一代又一代人，我国有许多高校及学术机构都以"实事求是"作为校训，如中国人民大学、中共中央党校及岳麓书院等。

奇趣事实

> "贞观之治"是唐朝出现的第一个治世。

和平共处

中华民族是一个热爱和平的民族，从古至今都把和平精神作为中华民族的传统美德，"亲仁善邻"正是这种精神的体现。

"亲仁善邻，国之宝也"出自《左传》，意思是与邻者亲近、与邻邦友好。《左传·隐公六年》记载：五月庚申，郑伯侵陈，大获。往岁，郑伯请成于陈，陈侯不许。五父谏曰："亲仁善邻，国之宝也。君其许郑。"这段话的意思是说，五月，郑庄公攻打陈国，获得全胜。前年，郑庄公向陈桓公求

和，陈桓公没有应许。当时陈五父劝谏说："亲近善人，友睦邻国，是国家最宝贵的方略。您还是答应郑国的求和为好。"今天看来，陈五父在当时就意识到睦邻友好是治国的重要方略，其思想是十分难能可贵的。

我国历史上关于睦邻友好的事例有很多，如文成公主入藏、昭君出塞等。唐贞观十四年（公元640年），国力强盛，政治稳定。为维护边疆的和平，唐太宗将文成公主远嫁吐蕃，成为吐蕃王松赞干布的妻子。文成公主给西藏带去了经卷、纺织技术、医疗器械以及多种谷

物和种子，并主持修建了大昭寺和小昭寺。在她的影响下，汉族的碾磨、纺织、陶器、造纸、酿酒等工艺陆续传到吐蕃；她带来的诗文、农书、佛经、史书、医典、历法等典籍，促进了吐蕃经济、文化的发展，也加强了汉藏两族的和平友好关系。文成公主逝世后，吐蕃土朝为她举行了隆重的葬礼。至今，拉萨仍然保存着藏人为纪念她而造的塑像，距今已一千三百多年的历史。

昭君出塞是历史上著名的故事。汉宣帝时，国力很强盛。公元前54年，匈奴呼韩邪单于被他哥哥郅支单于打败，南迁至长城外的光禄塞下。他曾两次进长安入朝，请求同西汉结好，并向汉宣帝提出和亲的请求。汉宣帝驾崩后，元帝即位，呼韩邪于公元前33年再次来到长安，请求和亲。元帝答应了他的请求，将宫

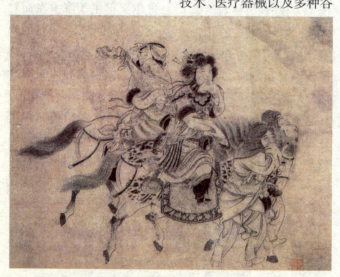

◀《明妃出塞图》局部。此图描绘了王昭君远嫁匈奴呼韩邪单于，与众随行冒风出塞的情形。

"水能载舟，亦能覆舟"的出处是哪里？《荀子·哀公》。

女王嫱（王昭君）嫁给他。昭君是一位深明大义的女子，她冒着塞外刺骨的寒风，千里迢迢地来到匈奴地域，做了呼韩邪单于的妻子。在塞外的几十年生活中，昭君一面劝谏呼韩邪单于不要去发动战争，还把中原的文化传给匈奴，和匈奴人建立了深厚的友谊。自此，匈奴和汉朝和睦相处，有六十多年没有发生战争。

以民为先

中华民族十分注重以民为先的思想。《礼记·大学》里说："民之所好好之；民之所恶恶之"。意思是说，人民拥护的我们就拥护，人民反对的我们就反对。从古至今，许多伟大的人物身上都

大禹为了治水，三过家门而不入。正因为这样，大禹才得到人民的爱戴。

体现出了以民为先这种可贵的精神。

以民为先精神的典范人物首推大禹。据说大禹在黄河治水时，与民同吃同住，同甘共苦。他每天拿着锹，带头挖土、挑土，他的双脚因为长年泡在水里脚跟都烂了，只能拄着棍子走。然而，为了让百姓不再受黄河泛滥之苦，他依然坚持每天劳作。大禹新婚仅仅四天，还来不及照顾妻子，便开始为治水而到处奔波。有一次，他的妻子生病了，大禹没进家去看望。当他得知妻子怀孕了，十分挂念她。但考虑到百姓更需要他，所以还是没有回家看望

妻子。后来，他的妻子涂山氏生下了儿子启，婴儿正在哇哇大哭，禹在门外经过，听见哭声，也强忍着没有进去探望。这就是著名的"三过家门而不入"的故事。

一代名君唐太宗也是以民为先的代表人物。他深深懂得"水能载舟，亦能覆舟"，在为政期间，时刻提醒自己民重君轻，亲自督导下层官员爱戴百姓。唐太宗亲政办案，亲历亲为，纠正了许多冤案，使许多百姓沉冤昭雪。同时，他鼓励官员大胆谏言，十分欣赏敢于直言进谏的魏征。在他统治期间，唐朝出现了贞观之治的局面。

知识讲堂

唐朝最有名的谏丞叫魏征，他为了国家和百姓的利益，多次顶撞唐太宗。魏征死后，唐太宗十分悲痛。说出了千古传诵的名言："以铜为镜，可正衣冠；以史为镜，可知兴替；以人为镜，可明得失。今魏征殁，朕失一明镜也！"

奇趣事实

> "得道者多助，失道者寡助" 这句名言出自《孟子》。

团结友爱

中国有句俗话说得好，"人心齐，泰山移"。意思是说，只要人们齐心合力，共同努力，就能移动泰山。这句话旨在告诉人们，个人的力量是有限的，只有团结的力量最大。是的，团结友爱是中华民族一贯提倡的传统美德。《易经》中的"二人同心，其力断金"、《孟子》中的"天时不如地利，地利不如人和"、《荀子》中的"民齐者强"都是对团结友爱精神的阐释。

关于团结精神，历史上有一个著名的故事。春秋时期，吴国和越国经常打

↑ 在 2008 年中国汶川大地震发生时，中华儿女万众一心，一起面对灾难，充分表现了"一方有难，八方支援"的团结友爱精神。

仗，两国的人民都将对方视为仇人。有一次，有几个吴国人和越国人恰巧共同坐一艘船渡河。船刚开的时候，他们在船上互相瞪着对方，一副要打架的样子。但是船开到河中央的时候，突然遇到了大风雨，眼见船就要被打翻了，情况十分危急。这时，吴国人和越国人顾不得彼此的仇恨，纷纷互相救助，并且合力稳定船身，终于逃过这场天灾，顺利地到达对岸。《孙子·九地》对这个故事也有记载："夫吴人与越人相恶也，当其同舟而济。遇风，其相救也若左右手。"这正是成语"同舟共济"的由来。

几千年来，团结友爱精神代代相传，成为中华民族最宝贵的精神财富。正是在这种精神

的鼓舞下，中华民族才逐渐壮大起来。在现代，华夏儿女更是紧密地团结在一起，战胜了许多困难。无论是 1998 年的特大洪水，还是 2003 年的"非典"时期，抑或是 2008 年的汶川地震，都体现了中华儿女团结一心、众志成城的精神。抗洪救灾的英雄子弟兵李向群，冲锋在前的白衣天使叶欣，日夜奋战在抗震救灾第一线的警察蒋敏……都给世人留下了无数难忘的记忆。中华儿女在危难关头体现出的团结精神震惊了世界，让世人重新认识了拥有恢宏五千年历史的大中国。

勤劳勇敢

中华民族是一个勤劳勇敢的民族，在原始的洪荒，我们的祖先就日出而作，日落而息，勤奋务实，勇于探索。所以，文明的曙光才出现在华夏沃土上。

神农氏是传说中的农业和医药的发明者，他的身上充分体现出勤劳勇敢的精神。上古时候，五谷和杂

草长在一起，药物和百花开在一起，人们分不清哪些是可以食用的，哪些是不可以食用的，往往误食而死。神农氏把百姓的疾苦看在眼里，决定身先士卒，尝遍百草，以解百姓之苦。他从家乡随州历山出发，走了整整49天，来到一座大山脚下。他历经艰辛，终于爬到了山顶。山上有许多奇花异草，但是也有豺狼虎豹不断侵袭他。神农氏依然没有退却，他一边在山上尝着各种药草，一边抵御猛兽的侵袭。每品尝一种，他就详细地把这种药草的形状、颜色、性质记录下来。神农氏尝完一山花草，又到另一山去尝，他尝出了麦、稻、谷子、高粱能充饥，就叫臣民

↑ 神农尝百草。为了让百姓们过上好日子，神农不辞辛苦，也不怕危险，尝遍百草，最终因误食毒草而牺牲。

【知识讲堂】

《神农本草经》又称为《神农本草》，简称《本草经》，是我国早期临床用药经验的第一次系统总结，被誉为中药学经典著作。全书分3卷，共记载了365种药，分上、中、下3品，文字简练古朴，对后世产生了深远影响。

把种子带回去，让黎民百姓种植，这就是后来的五谷。他尝出了365种草药，写成了《神农本草经》，叫臣民带回去，为天下百姓治病。

唐代诗人韩愈在《进学解》中说"业精于勤，荒于嬉。"这句话的意思是说，学业的精深在于勤奋，而荒废在于贪玩。古往今来，多少人都是依靠勤奋成就了事业。战国时期的苏秦最初由于学识浅薄，跑了许多地方都得不到重用。后来他下决心发奋读书，有时读书读

到深夜，疲倦至极的时候，就用锥子往自己的大腿上刺去，以此驱赶睡意，后来终于成为著名的政治家。汉代的孙敬也是一位勤奋好学之人。为了刻苦学习，他把绳子的一头拴在房梁上，另一头系在自己的头发上。这样，每当想打瞌睡时，只要头一低，绳子就会猛地拽一下他的头发，他自然就会惊醒，继续学习。孙敬后来成为一名博古通今的大学问家。

奇趣事实

> 《郑和航海图》是世界上现存最早的航海图集。

开放精神

开放精神是一种具有进步意义的精神，也是中华民族一贯提倡的民族精神。在历史上，总有一些冒着极大风险、大胆改革的人，他们这种敢为天下先的精神着实让后人敬佩。

说到对外开放，就不能不提到我国历史上著名的丝绸之路。西汉时期，汉武帝为了解西域各国的情况，两度派使者张骞出使西域。张骞带着上万头牛羊和大量的丝绸，以长安（今西安）为起点，经甘肃、新疆，最终来到中亚、西亚，访问了西域的许多国家。而且，西域各国也派使节回访长安。从此，汉朝和西域的交往日趋频繁。汉朝的使者、商人接踵西行，西域的使者、商人也纷纷东来，他们把中国的丝和纺织品运往西亚，再转运到欧洲，又把西域各国的奇珍异宝带到中国内地。丝绸之路的开辟，有力地促进了东西方经济文化的交流，对促成汉朝的兴盛产生了积极的作用。

郑和下西洋也是人类历史上的一次壮举。明成祖在位时，中国沿海一些大都市发展得十分繁荣，而且造船业和航海技术高度发达，于是他为了宣扬明朝国威，加强同海外各国的联系，扩大海外贸易，先后多次命郑和率领庞大船队，出使"西洋"诸国。1405 年是郑和第一次航海，他带领着万余人的使团访问了一些西太平洋和印度洋的国家和地区，包括爪哇、旧港（印尼巨港）、苏门答腊、锡兰山（斯里兰卡）、

↑ 郑和像

古里（印度科泽科德）等国。每到一个国家，郑和就先宣读明成祖的诏书，并且还将随船带去的礼物送给那些国家。被访问的大部分国家态度也很友好，都热情地接待了郑和一行人。到了 1430 年，郑和一共进行了 7 次远航，共到达过 30 多个国家和地区，最远的一次还到达了东非海岸。郑和的航海活动达到了当时世界航海事业的顶峰，而且对发展中国与亚洲各国政治、经济和文化上友好关系，作出了巨大贡献。

↑ 张骞出西域图（敦煌壁画）。张骞通西域是我国古代对外交流的一件大事。

节日风俗　几千年的生息繁衍，
中华大地处处生机盎然。
五十六个民族风俗习惯各不同，
相同的是华夏儿女淳朴的民风。
让我们共同体验节日的快乐，
感受民俗文化的魅力。

奇趣事实

> 春节与清明节、端午节、中秋节并称为中国四大传统节日。

中国传统节日 >>>

→ 节日是指那些有重要纪念意义的日子。节日和人类的生活密不可分，是人们精神寄托的重要体现。我国的传统节日有春节、元宵节、清明节、端午节等。这些节日的形成都有一定的渊源，都与中国的历史和文化密切相关。今天，当我们在庆祝这些传统节日时，依然保持着流传下来的古老习俗。

春节

春节是中国民间历史最悠久、最隆重、最热闹的一个传统节日，大约有三四千年的历史了。每年农历正月初一，汉族和满、蒙古、瑶等十几个少数民族都把这一天视为新的一年的开始。汉族过春节，时间较长，一般从农历腊月初八开始，到正月十五元宵节为止。

在古代，把正月初一叫"年"，又称元旦、元日、元朔，所以，民间把过春节叫做"过年""过大年"，这种称法一直流传下来。关于春节的起源，有许多种说法，但普遍的说法认为春节起源于原始社会的"腊祭"，即祭神祭祖的活动。西周初年已有了一年一度在新旧岁交替之际庆祝丰收和祭祀祖先的风俗活动，可以认为是"年"的雏形。

"春节"这个名称，是20世纪以后才有的。1911年辛亥革命后，新成立的中华民国政府决定用公历纪年，公历1月1日为元旦。为与传统的元旦相区别，民国政府曾提出把正月初一定为春节，端午为夏节，中秋为秋节，冬至为冬节。夏节、秋节、冬节没有确定下来，"春节"被认可了；但人们仍习惯称之为"过年"或"阴历年"。1949年9月27日，新中国成立前夕，中国人民政治协商会议决定采用公历纪年，正式把农历正月初一定为春节。

"千门万户曈曈日，总把新桃换旧符"，每逢春节来临，家家户户从前一年的

▲ 春节到了，人们开始装扮起来，处处张灯结彩，一片喜庆。

我国历史最悠久的传统节日是什么？春节。

↑ 饺子不仅是中国人民喜爱的传统特色食品，而且是年节食品。

腊月就开始忙碌起来，以欢乐兴奋的心情购买各种年货，做新衣服，打扫房屋，做各项过年准备。每年从农历腊月二十三日起到年三十，民间把这段时间叫做"迎春日"，也叫"扫尘日"，在春节前扫尘搞卫生，是我国人民素有的传统习惯。除夕夜晚，一般要进行"守夜"。守岁是最重要的年俗活动之一，除夕晚上，全家老小通宵不眠，吃年饭，喝春酒，放鞭炮，包饺子……共享天伦之乐。年夜饭上一定少不了一道菜，就是鱼。因为"鱼"和"余"谐音，象征"吉庆有余"，也喻示"年年有余"。初一这一天，各家都贴春联，挂年画，张灯结彩，吃饺子……然后相互拜年，走亲戚，逛庙会，看各种文艺表演。过年的气氛一直要延续到元宵节前。进入现代社会后，春节的传统习俗有所减弱，却又增加了新的内容，如到餐馆聚餐，外出旅游等。总之，在春节节日期间，人们尽情欢乐，是一年中最悠闲的日子。

饺子是中国的传统食品。早在两千多年前的西汉时期，都城长安就盛行吃饺子。不过那时俗称"角子"，后来又有过"偃月形馄饨""扁食""角角"等随时代不同而相异的叫法，直到明、清时代，才改称"饺子"，并一直延续至今。在我国北方，饺子是过年必备和必吃的食品，正月初一几乎家家都要吃饺子。这一顿饺子与一年中的其他饺子不一样，这顿饺子要求除夕晚上包好，半夜十二点开始吃。"饺子饺子，交在子时"，取其辞旧迎新之意，又因为白面饺子形状像银元宝，一盆盆端上桌象征着"新年大发财，元宝滚进来"之意。

此外，春节还有吃汤圆和年糕的习俗。汤圆的"圆"有"团团圆圆"之意，年糕与"年高"谐音，所以是家家必备的应景食品。年糕的式样有方块状的黄、白年糕，象征着黄金、白银，寄寓新年发财的意思。北方的

知识讲堂

各地除夕家宴上都有一种或几种必备的菜，而这些菜往往具有某种吉祥的含义。比如苏州一带，餐桌上必有芹菜，象征着勤勤恳恳；皖中、皖南一带餐桌上必有鲢鱼，象征连子连孙、人丁兴旺。

131

奇趣
事实

> 元宵节的灯谜是由谜语发展而来的。

知识讲堂

元宵节也被看做是中国的"情人节"。古代的封建社会不允许年轻女孩出外自由活动，但是在元宵节却可以结伴出来游玩。所以，元宵节给未婚男女提供了一个交谊的机会，以选择自己心仪的对象。欧阳修的"月上柳梢头，人约黄昏后"说的正是如此吧。

年糕以甜为主，南方的年糕则甜咸兼具，例如苏州及宁波的年糕，以粳米制作，味道清淡。

元宵节

农历正月十五，是春节后又一个传统节日——元宵节。据考证，元宵节早在两千多年前的西汉时期就已存在了。元宵节，古称"上元节""元夕节"。上元，含有新的一年第一次月圆之夜的意思。上元节的由来，《岁时杂记》里记载说，这是因循道教的陈规。道教把一年中的正月十五称为上元节，七月十五为中元节，十月十五为下元节，合称"三元"。

关于元宵节的来历，有一个著名的历史传说。据说汉朝在吕后死后，诸臣在正月十五平定了妄图篡权的"诸吕之乱"。汉文帝刘恒即位后，每到这一天夜晚，都要微服出宫，与民同乐，后来就把这一天定为元宵节。"元"即元月、正月，"宵"即"夜"。因为这天夜晚，有燃灯祭祀的习俗，所以民间也称之为"灯节"。

中国古代十分重视元宵节。每逢节日来临，街道上张灯结彩，集市中热闹非凡，人们争相出来赏灯、游园。梁简文帝曾写过一篇《列灯赋》："南油俱满，西漆争燃。苏征安息，蜡出龙川。斜晖交映，倒影澄鲜。"描绘了当时宫廷元宵节的盛况。到了唐代，元宵节的庆祝活动更是盛况空前，中唐以后，已发展成为全民性的狂欢节。开元盛世时期，长安的灯市规模很大，燃灯五万盏，花灯花样繁多，而且连续张灯三天，极为壮观。沿至宋朝，张灯由三夜延长至五夜，灯彩以外还放焰火，表演各种杂耍，情景更加热闹。历朝历代留下了许多关于元宵节的诗词，如唐代诗人苏味道的"火树银花合，星桥铁锁开。暗尘随马去，明月逐人来"、宋代词人辛弃疾的"宝马雕车香满路，凤箫声动，玉壶光转，一夜鱼龙舞"、元代诗人元好问的"袨服华妆着处逢，六街灯火闹儿童。长衫我亦何为者，也在游人笑语中"等，至今广为传诵。

元宵节吃"元宵"，是这个节日的最主要特征。"元宵"作为食品，在我国也是由来已久。在宋代，民间就

元宵是我国的传统特色食品，又叫"汤团"或"汤圆"。

元宵节在古代称为什么？上元节。

你知道吗

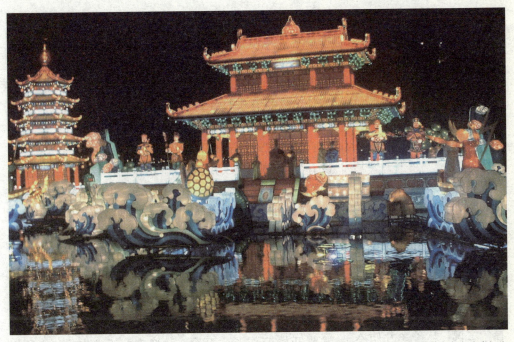

▲ 早在先秦时期，我国就在元宵之夜举行张灯结彩的集会活动，汉代将元宵节定为"灯节"，举办官方的彩灯比赛，灯成为元宵节的标志。

流行一种元宵节吃的新奇食品。这种食品最早叫做"浮元子"，后来改称"元宵"。因为元宵的味道甜软可口，又象征着团圆美满，所以一直流传至今。我国南方和北方的元宵制作方法不同，但基本上都是以白糖、玫瑰、芝麻、豆沙、黄桂、核桃仁、果仁、枣泥等为馅，再以糯米粉包裹而成。

除了吃元宵之外，人们还要举办灯会，猜灯谜，耍龙灯活动。春节过后，人们便开始动手扎花灯，到元宵节这天晚上，家家户户挂上灯笼，小孩子提灯游玩，街市上举办灯会，满城火红一片，令人陶醉。谜语是汉语中独特的文娱形式，用比喻、暗示、描述、拆合等方式写出谜面，供人猜测，大约在南宋时期，人们把谜面写在元宵节的彩灯上让大家猜，后来就形成了猜灯谜的传统。这种文字游戏，不但妙趣横生，而且益智动脑，深受人们欢迎。

此外，民间还有一些具有民俗特色的庆祝活动，如舞龙、舞狮子、踩高跷、划旱船、扭秧歌、送孩儿灯、走百病等。其中，舞龙、舞狮子是我国优秀的民间艺术。据考证，这一习俗起源于三国时期，南北朝时开始

奇趣事实

> 自秦代以来，中国就一直以立春作为春季的开始。

流行，至今已有一千多年的历史。表演时，锣鼓喧天，活灵活现，气势非凡。

打春

打春是"立春"的俗称，也称为"咬春"，是二十四节气之一。立春有时在农历十二月，有时在农历正月。一过立春，就意味着冬季结束，进入了春天。"立"是"开始"的意思，中国以立春作为春季的开始。农谚有"春打六九头""几时霜降几时冬，四十五天就打春"之说，从冬至开始入九，"五九"四十五天过后，就是打春了。

关于"打春"二字的由来，民间普遍认为，这一说法最早来自皇宫。传

说在立春这一天，皇宫内外都要把它当做节日来隆重地庆祝一番，并把皇宫门前立的泥塑春牛打碎。为什么要将春牛打碎呢？《京都风俗志》中这样记载：宫前"东设芒神，西设春牛。"礼毕散场之后，"众役打焚，故谓之'打春'。"那时，将春牛打碎，有鞭策老牛下地耕田的"催耕"之意，人们纷纷地将春牛的碎片抢回家，视之为吉祥的象征。从此，每逢打春之日来临，农民就要开始劳作了。至今，在一些农村，每当打春时，都会有人手敲着小锣鼓，唱着迎春的赞词，挨家挨户送上一张春牛图，以求五谷丰登。

为打春举行纪念活动的历史很悠久，至少在3000年前就已经出现。据文献记载，自周代起，

▲ 春饼

立春日迎春就是一项重要活动，也是历代帝王和庶民都要参加的迎春庆贺礼仪。周朝迎接"立春"的仪式大致如下：立春前三日，天子开始斋戒，到了立春日，亲率三公九卿诸侯大夫，到东方八里之郊迎春，祈求丰收。之所以到东郊去迎春，是因为迎春活动祭拜的句芒神居住在东方。打春的仪式一直

知识讲堂

立春那天，吃春饼叫"咬春"；农历二月初二是"龙抬头"的日子，也要吃春饼，叫"吃龙鳞"。这两种风俗都象征着把握春天，享受春天带来的福气。春饼是一种烙得很薄的面饼，吃起来有韧性，里面可以卷各种素菜，肉菜可以是切成丝的熏大肚、松仁小肚等，吃起来十分可口。

▲ "催耕"剪纸

曾被称为"民间第一大祭日"的节日是什么？寒食节。

你知道吗

承袭下来，但是到了宋代，地点有所改变。宋代的《梦粱录》中曾记载，"立春日，宰臣以下，入朝称贺。"这就证明，迎春活动已经从郊野进入宫廷，成为官吏之间的互拜。到了清代，迎春仪式演变成为社会瞩目、全民参与的重要民俗活动。清人所著的《清嘉录》指出，立春祭祀的典仪，虽然比不上正月初一的岁朝，但要高于冬至的规模。

民间在打春日有吃春饼、春卷、萝卜、姜、葱、面饼的风俗，意为"咬春"；女孩子们要剪"春鸡"、制作"春娃"佩戴在身上，寓意五谷丰登，一年吉祥。

寒食节

寒食节也叫做"禁烟节""冷节""百五节"等，一般是在农历冬至后的第一百零五日或者清明节的前一两天。寒食节历史悠久，已经延续了两千多年。

据说，寒食节起源于春秋时代的晋国，是为了纪念晋国的介子推而设立的。晋国公子重耳流亡19年，介子推护驾跟随，立下大功。重耳返国即位后，想重用介子推，然而介子推无意仕途，隐退在绵山。晋文公前往寻找，却怎么也找不到。于是他放火烧山，想把介子推逼出来。不料介子推却和母亲抱着一株大树，宁愿烧死，也不肯出山。晋文公伤心地下令把绵山改称介山，又下令把介子推被烧死的那一天定为寒食节。从此，寒食节历经各朝代延续至今。

每逢寒食节，人们都要禁止生火，吃冷饭，以表示对介子推的追怀之意。除此之外，寒食节的习俗还有祭祖、郊游、斗鸡、荡秋千、插柳、踏青、赏花、咏诗等。历史上留下了不少关于寒食节的诗句，仅《全唐诗》就有杜甫、韩愈、柳宗元等名人名家诗词三百余首，宋金元词曲也有一百余首，成为我国诗歌艺术中一枝奇葩。其中以唐代韩翃的《寒食》流传最广，"春城无处不飞花，寒食东风御柳斜。日暮汉宫传蜡烛，轻烟散入五侯家"的诗句早已脍炙人口。

绵山绵山公园内的介子推与母亲雕塑。介子推"舍身赴义"的洁芳善行，成为中国传统观念中大丈夫精神的渊源。

奇趣事实

> 清明节大约始于周代，距今已有两千五百多年的历史。

清明节

"清明"本是农历二十四节气之一，在仲春与暮春之交，也就是冬至后的106天。因为清明前后，天气转暖，风和日丽，春天气息最浓，所以古人把这一天定为节日。清明节是一年中颇受重视的节日。2006年5月20日，经国务院批准，清明节被列入第一批国家级非物质文化遗产名录。

清明节大约始于周代，距今已有两千五百多年的历史。据《历书》记载："春分后十五日，斗指丁，为清明，时万物皆洁齐而清明，盖时当气清景明，万物皆显，因此得名。"清明节一到，气温升高，雨量增多，正是春耕春种的大好时节，所以民间自古有"清明前后，种瓜种豆"的谚语。并且，清明节期间春光明媚，草木葱翠，正是人们春游的好时候，所以古人有清明节踏青的习俗。所以，清明节也被称为踏青节。踏青不仅可以让人们享受春光，也可以增加人们的生活情趣。宋代画家张择端的《清明上河图》就再现了古代清明节的盛况。

扫墓是清明节最重要的活动之一。人们在这一天为去世的亲人祭扫坟墓，寄托怀念之情，这一古老的传统一直沿袭到今天。在古代，人们扫墓时要携带酒食果品、纸钱等物品到墓地，将食物供祭在亲人墓前，再将纸钱焚化，为坟墓添上几抔新土，折几枝嫩绿的新柳枝插在坟上，然后叩头行礼祭拜，最后吃掉酒食回家。到了现代，扫墓的程序已经不那么复杂了。但是，清扫和祭祀的程序必不可少。并且，大部分人会有组织、有秩序地来到烈士陵园，为革命先烈扫墓，以示追思之情。

除扫墓、踏青之外，清明节还有一些有趣的习俗，如荡秋千、蹴鞠、打马球、植树、放风筝等等。荡秋千这一习俗在古代颇受欢迎，它不仅可以增进健康，而且还可以培养勇敢精神，至今仍为人们所喜爱。蹴鞠相当于今天的足球，相传

♦《清明上河图》局部。这幅画描绘的是汴京清明时节的繁荣景象，是汴京当年繁荣的见证，也是北宋城市经济情况的写照。

它是由黄帝发明的，最初目的是用来训练武士，后来演变为清明节的一种习俗。马球也是古人非常喜欢的一种运动，在唐代时颇为盛行，尤其受到皇家的喜爱，可以培养人们的勇敢及团结合作的精神。清明节前后，雨量丰沛，温度适宜，特别适于种植树苗，所以自古以来，清明节就有种树的习俗。放风筝也是古人十分喜爱的活动，而且寄托着人们的美好愿望。古人把风筝放上蓝天后，便剪断牵线，任凭清风把风筝送往天涯海角，据说这样能除病消灾，给自己带来好运。

在清明节的饮食方面，中国各地不尽相同。因为清明节在寒食节的第二天，所以很多地方的饮食还带有寒食节的色彩。比如，在山东一带，即吃鸡蛋和冷饽饽。莱阳、招远、长岛吃鸡蛋和冷高粱米饭，据说这样可以防止冰雹。泰安吃冷煎饼卷生苦菜。上海人过清明节有吃青团的风俗，这是当时最具有特色的清明节节令食品。其做法是将雀麦草汁和糯米一起舂合，使青汁和米粉相互融合，然后包上豆沙、枣泥等馅料，用芦叶垫底，放到蒸笼内。蒸好的青团色泽青绿，清新扑鼻。在浙江温州一带有吃绵菜饼的习俗，绵菜饼顾名思义是绵菜做的饼，也有人称为清明饼。湖州一带则吃粽子，并把粽子作为上坟的祭品。

历代留下了众多关于清明节的诗词，最著名的莫过于唐代诗人杜牧的《清明》："清明时节雨纷纷，路上行人欲断魂。借问酒家何处有？牧童遥指杏花村。"

清明时节，芳草始生，杨柳泛绿，正是春游的好时候。

知识讲堂

据说清明节插柳的风俗，是为了纪念"教民稼穑"的农事祖师神农氏的。杨柳有旺盛的生命力，插到哪里，活到哪里，寓意着年年都有好收成。还有人认为，杨柳有避邪的功用，可以防止鬼的侵扰迫害。所以，人们纷纷插柳避邪。

奇趣事实

> 端午节于2006年被列入第一批国家级非物质文化遗产名录。

端午节

农历五月初五，是中国重要的传统节日端午节。"端"是"初""开始"的意思。在农历中，五月为"午月"，古人又常把"五日"写成"午日"。因此初五就可称为"端午"。午月午日，又叫"重午"。因此端午节又叫"重午节""端阳节"等。

端午节迄今已有两千五百余年历史，关于它的起源，说法不一。比较流行的说法，一种是从中国古代的"龙子节"演变而来。龙是中华民族的崇拜物，祖先早就有祭祀龙的盛大活动，以五月五日最为隆重，举行赛龙舟、祭龙神，是不可少的活动。另一种说法是为纪念

【知识讲堂】

在屋檐下悬挂艾草也是端午节的习俗之一。据《荆楚岁时记》记载："采艾以为人，悬门户上，以禳毒气。"端午节时，人们采摘艾草扎成虎形，称为艾虎，用以镇祟避邪、保佑安宁。现代医学证明，艾草是重要的药用植物，尤其是五月的艾草艾油含量最多。

▲ 屈原像

古代诗人屈原。在民间，第二种说法更为普遍。屈原（前340—前278），名平，出身于楚国的贵族。起初他颇受楚怀王的信任，被任命为高官，他主张改良内政，联齐抗秦。但楚怀王由于受到小人的唆使，渐渐疏远屈原。结果楚怀王被秦国诱去，囚死在秦国，屈原被放逐。公元前278年，秦国攻下楚国国都，屈原对楚国的前途感到绝望，于同年五月初五投汨罗江自杀。屈原死后，楚国百姓哀痛异常，纷纷涌到汨罗江边去凭吊屈原。渔夫们划起船只，在江上来回打捞他的真身。有位

渔夫拿出为屈原准备的饭团、鸡蛋等食物丢进江里，说是让鱼龙虾蟹吃饱了，就不会去咬屈大夫的身体了。以后，每年的农历五月初五就有了龙舟竞赛、吃粽子的风俗，以此来纪念爱国诗人屈原。

端午节在饮食、佩戴饰物、活动等方面都有一些特别的习俗。在饮食方面，端午节的食物主要是粽子。每年五月初，中国百姓家家都要浸糯米、洗粽叶、包粽子。我国南北方粽子的式样、品种各不相同。从馅料上来看，北方多以红枣为馅料；南方则有豆沙、鲜肉、火腿、蛋黄等多种馅料，以浙江嘉兴的粽子最为著名。雄黄酒也是端午节必备的饮食，民谚说："五月五，雄黄烧酒过端午。"古人认为，雄黄可以杀百毒、避百邪，

▲ 粽子

我国传统节日中叫法最多的节日是什么？端午节。

所以端午节要喝雄黄酒避邪。此外，还有以雄黄涂抹小儿额头的习俗，俗称"画额"，通常是在额头画一个"王"字，以避邪消灾。现代中医认为，雄黄性温，味苦辛，有毒，不宜过多饮用。

在饰物方面，端午节有佩戴长命缕、香包的习俗。长命缕也称长寿线，以五色丝线合股成绳，可以佩戴在脖颈上，也可以戴在手臂上，或挂在门首、床帐等处，民间认为可以避灾除病、保佑安康。香包也叫香袋、荷包，有用五色丝线缠成的，也有用碎布缝成的。香包内装有各种香料，如白芷、川芎、芩草、甘松等，佩戴在胸前，香气扑鼻。香包的外形多种多样，老年人喜欢佩戴梅花、菊花、桃子的，象征着延年益寿；青年人喜欢佩戴并蒂莲、娃娃骑鱼的，象征着夫妻恩爱，家庭和睦；小孩多佩戴十二生肖类的，象征着平安吉祥。发展到今天，香包的制作工艺日趋精致，成为端午节特有的民间艺术品。

龙舟比赛是端午节的一项重要活动，在我国南方十分流行。龙舟的船身比较狭长、细窄，船头饰龙头，船尾饰龙尾，一般以木雕成，加以彩绘。龙舟的大小

龙舟比赛是一项多人集体划桨的竞赛活动。两千多年来，它不仅是端午节上的重要活动，在一些喜庆的日子里，它也是人们所喜爱的水上体育娱乐项目。

奇趣事实

> 七夕节是我国传统节日中最具浪漫色彩的节日。

不一，船长一般为20～30米，每艘船上约30名水手。比赛前，先要请龙、祭神，然后正式比赛。比赛的场面十分热烈，岸边锣鼓喧天，欢声雷动；赛场龙舟竞渡，志气高昂。近年，龙舟比赛的规模不断扩大，吸引了各国健儿。

七夕节

农历七月初七，是中国传统的七夕节，又叫"乞巧节""女儿节"。据考证，七夕节起源于汉代，据东晋葛洪的《西京杂记》记载，"汉彩女常以七月七日穿七孔针于开襟楼，人俱习之"。这是目前已知的古代文献中最早的关于乞巧的记载。

关于七夕节的来历，民间普遍认为与"牛郎织女"的传说有关。"牛郎织女"的传说是我国四大民间传说之一，也是在我国民间流传时间最早，流传地域最广的传说。牛郎父母早逝，又常受到哥嫂的虐待，只有一头老牛与他相伴。后来，牛郎在老牛的帮助下，与天上

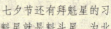
【知识讲堂】

七夕节还有拜魁星的习俗。魁星就是魁斗星，为北斗七星的第一颗星，也称魁首，主管考神。古代士子中状元时称"大魁天下士"或"一举夺魁"，都是因为魁星主掌考运的缘故。民间认为七月初七是魁星的生日，所以一定在七夕这天祭拜，祈求他保佑自己考运亨通。

的织女结亲，婚后夫妻恩爱，生有一子一女，十分幸福。老牛临死时，嘱咐牛郎把它的皮剥下来，以便危急之用，牛郎含泪答应。当王母娘娘得知牛郎和织女成亲的事后，勃然大怒，命令天神把织女抓回天庭。天神抓走了织女，牛郎急忙披上牛皮，担了一双儿女去追。眼看就要追上，王母娘娘便拔下头上的金簪向银河一划，银河立刻变得浊浪滔天，牛郎再也过不去了，只能隔河与织女相望。后来，玉皇大帝和王母娘娘为牛郎和织女的真情所感动，允许他们每年七月初七在天河会面。每逢这一天，千万只喜鹊搭成鹊桥，让牛郎织

牛郎织女鹊桥相会

被誉为"中国情人节"的节日是什么？七夕节。

相传在七夕节这一天，凡间的妇女便在这天晚上向织女乞求智慧和巧艺，所以七月初七也被称为乞巧节。上图中描绘的正是七月初七京中仕女"乞巧"的场面。七夕之夜，女人们以碗装水置于庭院，然后将一束针散放其中，人们争相观看在水中呈列的图案，据说图案的形状越好看，放针者的手就越灵巧。

女在桥上相会。所以，也有人认为七夕节是中国古代的"情人节"。

七夕节这一天，古代要举行拜天河、拜织女活动。拜织女活动通常是由五六个妇女联合举行的。节日当晚，她们在月光下摆上一张桌子，桌子上有茶、酒、水果等祭品。大家一起焚香礼拜后，就围坐在桌前，一面吃茶点，一面朝着织女星座，默念自己的心事，通常玩到半夜活动才结束。此外，妇女们还要举行穿针引线的比赛，即"乞巧"，看谁的针线活最好。有些地方要在这一天中午，把缝衣针放在盛水的碗里，看看针浮在水面的投影形状如何，如果投影奇特好看，便说明织女给了她灵巧的针。还有一些地区为了感谢老牛的牺牲精神，有为牛庆生的习俗，又叫"贺牛生日"。这一天，儿童会采摘野花挂在牛角上，把牛打扮得漂漂亮亮，并且让牛停工一天。

七夕节的特色食品主要是巧果。巧果又称"乞巧果子"，在宋朝时街市上已有巧果出售。巧果的款式很多，主要的材料是面料、油和糖，其具体做法是：先将白糖放在锅中熔为糖浆，然后和入面粉、芝麻，拌匀后摊在案上擀薄，晾凉后用刀切为长方块，再做成各种形状，入油炸至金黄即成。心灵手巧的女子可以制成多种花瓣状的巧果，非常赏心悦目。七夕节的瓜果也是多种多样，或将瓜果雕成奇花异鸟，或在瓜皮表面浮雕图

奇趣事实

中华大藏经

五五 汉文部分

> 目连救母的故事是出自《大藏经》。

案，称为"花瓜"。

七夕节是我国传统节日中最具浪漫色彩的一个，古往今来，文人墨客争相为这美妙的节日吟诗作词，关于七夕节的诗词不胜枚举。萧统的"盈盈一水间，脉脉不得语"、杜甫的"牵牛在河西，织女处河东。万古永相望，七夕谁见同"、杜牧的"银烛秋光冷画屏，轻罗小扇扑流萤。天阶夜色凉如水，坐看牵牛织女星"都是流传至今的佳句。词中以秦观的《鹊桥仙》最为著名，词末的两句"两情若是久长时，又岂在朝朝暮暮"不知打动了多少恋爱中的男女。

一些大的佛教寺庙在中元节这一天都会举行盛大的中元节法会。

中元节

每年的农历七月十五，是我国民间的传统节日"中元节"。每到中元节，人们要带上祭品，到坟上去祭奠祖先，并焚烧大量的纸钱，以表示对祖先的哀思。

"中元节"是道教的说法，道教把正月十五称为"上元"，七月十五称为"中元"，十月十五称为"下元"，这就是著名的"三元"。上元节又称"上元天官节"，是上元赐福天官紫微大帝诞辰；中元节又称"中元地官节"，是中元赦罪地官清虚大帝诞辰；下元节又称"下元水官节"，是下元解厄水官洞阴大帝诞辰。中元节

在中国的有些地方，中元节时人们向河里投放制作的荷灯，以寄托哀思，纪念亡人。

时，一些道观如火神庙、白云观为了祈祷"风调雨顺，国泰民安"，通常要举办"祈福吉祥道场"。这个习俗一直沿袭至今。

佛教把农历七月十五称为"盂兰盆节"，关于"盂兰盆节"的命名，有一个流传久远的传说，即目连救母。据《大藏经》的记载，目连在阴间地府经历千辛万苦后，见到他死去的母亲刘氏四娘受一群饿鬼折磨，内心十分痛苦，就向佛主求

佛教把中元节称做什么？盂兰盆节。

你知道吗

[知识讲堂]

中元节时，民间还盛行祭祀土地和庄稼。即将供品撒进田地，再用剪成碎条的五色纸缠绕在农作物的穗子上。传说这样可以避免冰雹袭击，获得丰收。一些地方同时还要到后土庙进行祭祀，并将麻、谷悬挂于门首。

儿童，用荷叶做成荷叶灯，还有蒿子灯等，在街上玩耍。清代诗人庞垲的《长安杂兴效竹枝体》一诗形象地描绘了中元夜儿童持荷叶灯结伴游乐的情景：万树凉生霜气清，中元月上九衢明。小儿竟把青荷叶，万点银花散火城。

因为地域不同，我国各地的中元节庆祝活动也各不相同。闽南人的习俗是在每一件供品上插上一炷香与三角彩色纸旗，旗上以毛笔书写"庆赞中元""广施盂兰""敬奉阴光"等字样，并写上自己的姓名，且祭拜亡灵之前，会先祭拜一位普度公。晋南地区习惯用纸做灯，焚烧于坟前，意喻亡人前程光明。祭奠祖宗的食品一般是包子。如果先人亡故满三年者，儿女们要在这一天脱去孝服，改穿常衣，俗称"换孝"。晋北地区的中元节供品一般是圆形的馍馍，中间点一个红点。摆完供，烧完纸，回家时要从地里挽几棵谷子和麻，用绿色纸条缠绕，立置窗前，供奉

中元节里的面塑食品花样繁多，形态各异，栩栩如生。

面人一尊。节后将谷子和麻移置房顶，根朝里，谷穗露在外面，称为"拣麻谷"。民间认为这样可以保佑五谷丰登。

中元节期间，许多地方都要举行面塑活动，俗称蒸"花馍"，即用面捏出各种各样的造型，如花草鸟兽、瓜果梨桃等。花馍蒸熟后，再经过五色着彩，看上去栩栩如生，每一件都可以称为绝佳的手工艺品。送给晚辈的花馍要捏成羊形，称为面羊，取羊羔跪乳之意，希望小辈不要忘记父母的养育之恩；送给老辈的花馍要捏成人形，称为面人，意喻儿孙满堂，福寿双全；送给平辈的花馍，要捏成鱼形，称为面鱼，意喻连年有余。

救。佛主被目莲的孝心所感动，为其念《盂兰盆经》。目莲按照指示，于七月十五日用盂兰盆盛珍果素斋供奉母亲，挨饿的母亲终于得到食物。为了纪念目莲的孝心，佛教徒每年都有盛大的"盂兰盆会"。

由于佛道两教要在农历七月十五这一天举行宗教活动，超度亡魂。传到民间，人们又叫它"鬼节"。古代的中元节除了宗教仪式外，民间还有烧法船、放河灯的习俗，十分热闹。放河灯，是用油纸做成荷花形状，内安小蜡烛，或用瓜皮、木片等物做成灯形放入河湖之中，任其飘流，河面上万盏灯火如群星点点，引得众人争相观看。还有一些

奇趣事实

> 中秋节于2006年被列入第一批国家级非物质文化遗产名录。

中秋节

农历八月十五是我国重要的传统节日——中秋节。据考证，"中秋"一词最早见于《周礼》。根据我国古代历法，农历八月十五在一年秋季的八月中旬，所以称为"中秋"。一年有四季，每季又分为孟、仲、季三部分，因为秋中第二月叫仲秋，所以中秋节也被称为"仲秋节"。到唐朝初年，中秋节才成为固定的节日。宋朝时，中秋节开始盛行，至明清时，已与元旦齐名，成为我国的主要节日之一。今天，它已成为我国仅次于春节的第二大传统节日。

中秋节历来受到人们的重视，除了汉族以外，在许多少数民族中也有过中秋节的习俗，如壮族、蒙古族、苗族等。在民间，人们把中秋节视为一家人团圆的日子，叫它"团圆节"。全家人在皎洁的月光下，一起赏月，尽享天伦之乐。旧时还有拜月的习俗，但仅限于女性，希望能够"貌似嫦娥，面如皓月"。祭月后，要饮团圆酒，吃月饼，象征着一家人团团圆圆。祭月赏月是中秋节的重要活

↑ 中秋节这一天的月亮最圆，所以中秋节又有庆团圆的寓意。

动。当月亮升起的时候，人们在庭院中设案，供上月饼、瓜果以及萝卜、藕、鲜花等和美酒。在进行一番祈祷祝愿后，人们一起分食月饼和瓜果，亲朋之间还相互赠送。在皎洁清亮的月光下，心中不由得升起喜悦开朗的情绪。

中秋节还有许多游戏活动，如玩花灯、舞火龙等。中秋节的花灯不像元宵节花灯的规模那么大，主要是在家庭、儿童之间进行的。早在北宋《武林旧事》中，就有将"一点红"灯放入江中漂流玩耍的活动，这可能是关于中秋花灯最早的记载了。今天的中秋玩花灯多集中在南方，主要是广东、广西一带。广东的佛山

↑ 北京龙潭湖中秋节的灯会上的二龙戏珠。

"中秋"一词最早出自于哪部典籍?《周礼》。

月饼一词,源于南宋吴自牧的《梦粱录》,那时仅是一种点心食品。到后来人们逐渐把赏月与月饼结合在一起,寓意家人团圆,寄托思念。同时,月饼也是中秋时节朋友间用来联络感情的重要礼物。

花灯驰名中外,不仅款式繁多,而且工艺精湛,栩栩如生,尤其是鸟兽花树灯最令人赞叹。舞火龙是香港中秋节最富传统特色的习俗。从每年农历八月十四晚起,铜锣湾就一连三晚举行盛大的舞火龙活动。火龙长达70米左右,通常由几十人到几百人共同舞动,配以威风的锣鼓,十分壮观。

月饼是中秋节最具特色的食品。月饼又叫做宫饼、丰收饼、团圆饼等,最初是用来祭奉月神的祭品,后来人们逐渐把中秋赏月与品尝月饼作为家人团圆的象征,月饼也就逐渐成为了节日的必备礼品。今天,中秋节吃月饼已成为一种普遍的风俗。月饼的种类繁多,风味各异,以京式、苏式、广式、潮式等月饼最为著名。这四种月饼都具有悠久的历史,选料讲究,做工精细,绵软不腻,广受赞誉。

中国古代的中秋节是十分清雅的,人们在宴会后对月吟诗,把酒联欢,充满了诗情画意,历朝历代留下了许多和中秋节相关的文学作品及神话传说。著名的诗作佳句有张九龄的"海上生明月,天涯共此时"、张若虚的"春江潮水连海平,海上明月共潮生"、李朴的"平分秋色一轮满,长伴云衢千里明"等。词作则以苏轼的《水调歌头·明月几时有》最为著名,词末的"人有悲欢离合,月有阴晴圆缺,此事古难全。但愿人长久,千里共婵娟"已成为千古绝唱。著名的神话传说有嫦娥奔月、吴刚伐桂、玉兔捣药、玄宗漫游月宫等,这些神话传说寄托着人们的美好想象和愿望,因此代代相传。

知识讲堂

　　早在周朝,古代帝王就有春分祭日、夏至祭地、秋分祭月、冬至祭天的习俗。其祭祀的场所称为日坛、地坛、月坛、天坛,分设在东南西北四方向。这种风俗不仅为宫廷所奉行,随着社会的发展,也逐渐影响到民间。

奇趣事实

> 重阳节又被称为菊花节。

重阳节

农历九月九日是我国的传统节日——重阳节，又称"老人节"。中国古代以"九"为阳数，九月九日为月日同九，所以叫重阳，或重九。

重阳节起源很早，战国时期诗人屈原就有"集重阳入帝宫兮"的诗句。汉代的重阳节已很隆重，唐朝正式定为节日。重阳节正值秋高气爽、天地开阔的时节，所以野游、登高是这个节日的重要活动，人们可以在这一天尽情领略天地的广远和自然的风光。"九日天气晴，

🌼 茱萸是重阳节的重要标志。古人认为佩带茱萸，可以辟邪去灾。

登高无秋云"，心情豁然开朗。此外，重阳节登高远望还可以达到心旷神怡、健身祛病的目的。所以，这个习俗一直传到当今，颇受人们欢迎。

在古代，还有重阳节插茱萸的习俗，因此重阳节又被称为"茱萸节"。茱萸是一种药用植物，《本草纲目》说它气味辛辣芳香，性温热，可以治寒驱毒。古人认为佩带茱萸，可以辟邪消灾。在唐代时就很盛行重阳节插茱萸，大多是妇女、儿童佩带，有些地方，男子也佩带。茱萸一般插在头上或佩戴手臂上，也有做成香袋佩带在身上的。重阳节赏菊花也是令人神往的一项活动。秋天盛开的菊花高洁清雅，或金黄，或淡白，有"隐君子"之称，正与重阳节的宗旨相合。唐代时重阳节赏菊花就很盛行，王勃有诗云："九月重阳节，开门见菊花。"此外，人们还在头上插上菊花或者把菊花贴在门窗上，用以消除灾病。今天，重阳节期间，人

🌼 菊花，又叫黄花，又称九花。菊是长寿之花，"霜降之时，唯此草盛茂"。由于菊的独特品性，菊成为生命力的象征，而赏菊是重阳节习俗的组成部分。

们虽然不在头上插菊花了，但赏菊花的习俗依然风行，各大公园会组织大型菊展，并将菊缚扎成各类动植物、人物等造型，十分美观。

重阳节的特色饮食主

把"九"定为阳数始于哪部典籍?《易经》。

你知道吗

要是菊花酒和重阳糕。菊花酒在古代被看做是重阳必饮、祛灾祈福的"吉祥酒"。我国酿制菊花酒,早在汉魏时期就已盛行。后来饮菊花酒逐渐成了民间的一种风俗习惯,尤其是在重阳时节,更要饮菊花酒。古时的菊花酒是头年重阳节时专为第二年重阳节酿造的。九月九日这天,采下初开的菊花和一点青翠的枝叶,掺入准备酿酒的粮食中,然后一齐用来酿酒,放至第二年九月九日饮用。传说喝了这种酒,可以延年益寿。重阳糕又称花糕、菊糕,重阳糕的种类繁多,制作方法也各不相同,但基本上以江米为原料,中间夹上青果、小枣、核桃仁之类的干果,还有一些夹有蜜饯,如苹果脯、桃

[知识讲堂]

重阳节登高的习俗可能起源于古代对山神的崇拜。古人认为,"九为老阳,阳极必变",九月九日,月、日均为老阳之数,不吉利。所以,人们在"阳极必变"的重阳日子里,要前往山上游玩,祈求山神的保佑。

脯、杏脯等。因为"糕"与"高"谐音,吃糕象征着吉祥,因而重阳糕倍受人们的青睐。

到了现代社会,重阳节又被赋予"敬老"的含义。1989 年,我国把重阳节定为老人节。每到重阳节,各地都会组织老年人登山秋游,开阔视野,并且为老年人送上礼品。探望和关心老年人和长辈已成重阳节的新习俗,越来越受到人们的重视。

关于重阳节,古代有许多文学作品流传下来,以王维的《九月九日忆山东兄弟》最脍炙人口,"独在异乡为异客,每逢佳节倍思亲。遥知兄弟登高处,遍插茱萸少一人。"此外,杜牧的《九日齐山登高》也很著名,"江涵秋影雁初飞,与客携壶上翠微。尘世难逢开口笑,菊花须插满头归。"毛泽东的《采桑子·重阳》也是一首关于重阳的佳作:"人生易老天难老,岁岁重阳,今又重阳,战地黄花分外香。一年一度

秋风劲,不似春光,胜似春光,寥廓江天万里霜。""悲秋"是中国古典诗词的传统主题,前人以重阳为题材的诗词往往带有凄清、肃杀的氛围;而毛主席的这首词气势恢宏、极富哲理,显得别具一格。

菊花傲霜斗雪、不畏严寒的性格使人倍加喜爱。历代都有赏菊活动,南宋时期每年在宫廷中举行菊花赛会,晚上点燃菊花灯。下图为唐寅《东篱赏菊图》。

祖先的遗产

奇趣
事实

▷腊八粥是腊八节最主要的节令食品。

冬至

冬至节是农历二十四节气之一，大致在农历十一月中旬（公历 12 月下旬）。根据周朝的典籍记载，民间在冬至日要到郊外举行祭天活动，又因为周历的正月为农历的十一月，所以拜岁和贺冬并没有分别。一直到汉武帝采用农历后，才把正月和冬至分开，因此，可以说过冬至节是自汉代以后才有的。唐宋时期，冬至节颇为盛行，并且一直沿袭到今天。

冬至在节气上意味着入九，冬至一到，天气变得十分寒冷，表明冬天正式开始。古人十分重视冬至，有"冬至大如年"之说。所以在中国北方，把冬至作为一个节日，通过一些活动，作好过冬的准备。在食品方面，过冬至通常以"热"食为主，如炖肉、包饺子、吃馄饨等。民间早就有"冬至馄饨夏至面"的说法。冬至这一天，一家人围着火炉，包饺子，煮馄饨，吃着香喷喷的猪肉羊肉，热气腾腾，

感到十分温暖。在南方，有冬至蒸汽糕的习俗。

俗话说："冬至进补，春天打虎"。自古以来，我国民间就有冬至进补的习俗，以食牛肉、羊肉等食物为主，这些食物都具有祛寒、暖胃的功效，十分适宜在冬至食用。

腊八节

在旧时进入农历腊月（十二月），人们便开始筹备"过年了"，过腊八节是第一个高潮，也可以说腊八节是过春节的序幕。把十二月叫"腊月"，在周代就成了习惯。古代，"腊"与"猎"同为一义，表示打猎获取禽兽来祭祀天地祖宗。腊八，据说是指要祭祀的八种神：先啬神、邮表畦神、司啬神、农神、水庸神、猫虎神、坊神、昆虫神。汉代以前，腊祭的日子并不固定，汉代以后，把祭日定在冬至后的第三个"戌日"，而第一年的祭日正好是腊月初八；后来，就习惯在腊月初八这一天

 每年农历冬至这天，不论贫富，饺子是必不可少的节日饭。这种习俗是为了纪念医圣张仲景冬至舍药留下的，至今南阳仍有"冬至不端饺子碗，冻掉耳朵没人管"的民谣。

148

你知道吗

农历腊月二十三是什么民间节日？祭灶节。

▶腊八粥。每逢腊八这一天，不论是朝廷、官府、寺院还是黎民百姓家都要做腊八粥。到了清朝，喝腊八粥的风俗更是盛行。

行祭了。也有的说，腊月初八是佛祖释迦牟尼成佛的日子，为讨吉利，便把这两个日子合在一起。

腊八节喝腊八粥，是流传很久的习俗。腊八粥是用各种米豆加上枣、花生、栗子、核桃仁、莲子、百合等熬制而成的，吃的时候加入糖，香甜可口，人人喜爱。民间认为，喝腊

八粥有庆丰收、求吉祥、驱瘟疫的含义。这个习俗的来源说法不一。一说是来源于佛教的供品之物；一说是明太祖朱元璋少年时贫困，掏鼠洞的杂米，熬成粥吃，后当了皇帝叫人如法熬制。这种说法不够准确，因为喝腊八粥的风俗已有一千多年历史，这比朱元璋的时代要早。

祭灶节

农历腊月二十三，在旧时是非常热闹的日子。因为这一天，各家各户要把灶神送回天上，向天神报告人间之事。人们要买来糖果祭灶，把贴在灶台墙上的灶王像揭下来，连同剪好的纸和草料一起焚烧，请灶王"上天言好事，回宫降吉祥"。

祭灶的供品主要是糖瓜、关东糖、花生芝麻糖等。糖瓜和关东糖是用麦芽糖做的，白色，吃起来有些粘牙，但味道独特。

腊月二十三又叫"小年"。因为从这一天起，人们便开始忙碌起来，心情激动准备过"大年"。这些准备包括采购年货，打扫房间，糊窗户，做新衣服，做各种过年食品，如馒头、年糕等。从二十三日到大年三十，每天都有要做的事。如"二十三灶王上天，二十四扫房子，二十五糊窗户，二十六炖大肉，二十七宰公鸡，二十八把面发，二十九贴福字，大年三十守旧岁。"

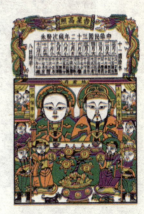

▲民间的灶王爷和灶王奶奶贴画

149

奇趣事实

> 民间的门神形象多以唐代大将秦琼和尉迟恭的形象为主。

除夕

除夕是我国传统节日中最重大的节日之一，它是指农历一年最后一天的晚上，即春节的前一天晚上。除夕也被称为年三十，因为它通常在农历腊月三十或二十九。

古代人怎么过除夕？《万历嘉兴府志》这样记载："除夕，易门神、桃符、春帖，井碾皆封，爆竹、燔紫，设酒果聚欢，锣鼓彻夜，谓之守岁。"到了现代，有许多程序已被简化了，但贴春联、贴福字、吃年夜饭、放爆竹、守岁一直是除夕的重要习俗。

每逢春节，无论城市还是农村，家家户户都要精选一副大红春联、大红福字贴于门上，为节日增加喜

庆气氛。很多人还喜欢把"福"字倒过来贴，寓意着"福到了"；还有一些城乡有贴年画的习俗，最常见的年画有"五谷丰登""鲤鱼跳龙门""迎春接福""六畜兴旺"等。年画为千家万户增添了许多欢乐、喜庆的氛围，也表达了人们的美好愿望。我国年画的三个重要产地是苏州桃花坞、天津杨柳青和山东潍坊，这三大流派的年画各具特色，享誉海内外。在河北、山东、陕西的一些地区，人们还喜欢剪窗花。窗花以其特有的概括和夸张手法将吉事祥物、美好愿望表现得淋漓尽致，将节日装点得红火富丽，寄

🌸 贴春联也是除夕必做的事之一。红红的春联，透着喜庆和热烈，表达了人们迎新纳福、企盼新生活的美好愿望。

"守岁"是什么节日的习俗？除夕。

你知道吗

↑ 爆竹声响是辞旧迎新的标志、喜庆心情的流露。

托着人们辞旧迎新、接福纳祥的愿望。

在热闹的除夕夜，爆竹是必不可少的。爆竹也称做"炮仗""鞭炮"。放爆竹已有两千多年的历史了，古人认为爆竹的噼啪声可以消灾避邪，给人们带来吉利。火药是我国四大发明之一，古代的人们就已经研制了许多种类的爆竹。发展到今天，爆竹的应用越来越广泛，品种花色也日渐繁多，湖南浏阳、广东佛山、浙江温州等地是我国著名的花炮之乡。

守岁也叫"熬年"，也就是人们在除夕夜熬夜迎接新一年的到来。守岁的习俗既有对逝去的岁月惜别留恋之情，又有对来临的新年寄以美好希望之意。古人在一首《守岁》诗中写道："相邀守岁阿戎家，蜡炬传红向碧纱；三十六旬都浪过，偏从此夜惜年华。"守岁是从吃年夜饭开始的，这顿年夜饭要慢慢地吃，从掌灯时分入席，有的人家一直要吃到深夜。守岁时，灯火通宵不息，寓意着新的一年前途一片光明。当 12 点的钟声一敲过，新的一年就到来了。这时，长辈们往往要给儿孙压岁钱，据说压岁钱可以压住邪祟，因为"岁"与"祟"谐音，这也寄托了长辈的一种美好愿望，希望晚辈得到压岁钱可以平平安安度过一岁。

除夕的年夜饭对中国家庭是非常重要的，这一天人们准备除旧迎新，一家团圆。相传在古代，监狱的囚犯也要在除夕夜与家人吃年夜饭，可见年夜饭有多重要。现在，每到除夕，离家在外的人不管离家有多远，都要历经千辛万苦，赶回家与家人吃年夜饭，为的就是个团团圆圆。一家人围桌而坐，共同欢饮，尽享天伦之乐。除夕的特色饮食南北方各不相同，北方人包饺子，南方人做年糕。水饺形似"元宝"，年糕音似"年高"，都是吉祥如意的好兆头。在古代，人们通常在吃年夜饭时看大戏，如今，很多家庭都是边看春节联欢晚会，边吃年夜饭，使年夜饭的内容变得更加丰富。

除夕是中国人的日子，除夕之夜是一年中最热闹、绚丽的夜晚，它给中国人带来了多少美好的回忆，即使到白头也都能记得。

↑ 每逢春节，年夜饭里必然少不了一道鱼菜，一条完整的鱼代表年年有余。

> 黄帝陵被誉为"中华第一陵"。

民间信俗 >>>

→ 细数中国的民间信俗,可以说是五花八门,各具千秋。庄严神圣的黄帝、炎帝祭典,喜闻乐见的相声、杂技,竞相争辉的南北菜系都是民间信俗的代表,也是中国传统文化不可分割的一部分。随着时代的发展,民间信俗又被赋予一些新的风尚。

黄帝祭典

黄帝与炎帝都被看做是华夏民族的始祖,因此中国人也被称为"炎黄子孙"。黄帝,姓公孙,名叫轩辕,出生于母系氏族社会。司马迁在《史记》中这样描写黄帝:"生而神灵,弱而能言,幼而徇齐,长而敦敏,成而聪明。"可见,黄帝从出生到成长就不是一般人物。他

黄帝是传说中远古时代中华民族的共主,五帝之首。

15岁就当上了轩辕部落酋长,37岁登上天子位,一生战功显赫,打败榆罔,降服炎帝,诛杀蚩尤,统一了三大部落,建立起世界上第一个有记载的共主的联盟。

传说黄帝在统一三大部落后,设立九州,使联盟体制明确;提出以德治国,从此联盟治理变得更加清明;教导百姓播种五谷,使百姓免于饥荒;创立了干支纪年,后世一直延用此纪年法;命仓颉创造文字,从此人类有了记录历史的符号。此外,黄帝还创立了婚丧、祭祀等制度,使人民的生活完美。从此,人类的文明时代开始了,所以,后世人都尊称黄帝是"人文初祖"。

为了缅怀黄帝的始祖精神,我国自古就有隆重的

黄帝祭典,最早见诸史料的祭祀黄帝的后世帝王是秦灵公。汉代以后,祭祀黄帝形成朝廷定例。以后,黄帝祭祀活动在长期的实践中形成了一定的规模,祭典礼仪大致可分为公祭和民祭两种形式。公祭是国家的祭祀活动,规模较大,仪式庄严;民祭是民间的祭祀活动,无固定的仪式,往往根据祭奠者的愿望及习俗而自己确定。

历史上普遍认为黄帝

知识讲坛

《国语·晋语》记载:"黄帝以姬水成,炎帝以姜水成。"这是历史上最早关于黄帝、炎帝诞生地的记载。因此人们认为黄帝和炎帝是起源于陕西中部渭河流域的两个部落首领。两个部落争夺领地,黄帝打败了炎帝,两个部落融合成华夏族。

华夏民族的始祖是谁？黄帝和炎帝。

你知道吗

▲ 位于陕西黄陵县的轩辕帝陵园。相传黄帝得道升天，所以这个陵墓只是一个衣冠冢。

生于河南新郑，葬于陕西黄陵，所以我国的黄帝祭典以这两地的规模最大，仪式最隆重。如今，每年的清明节祭祀黄帝大典已经成为"中华第一大典"，海内外的炎黄子孙都会在这一天来祭祀我们的共同祖先。国家也十分重视黄帝祭典这一民俗活动，2006 年，这一民俗被列入第一批国家级非物质文化遗产名录。

炎帝祭典

炎帝传说是上古时期姜姓部落的首领，又称赤帝、烈山氏。相传炎帝的母亲在游华阳时，被神龙绕身，感应而孕，生下炎帝。因为炎帝生于姜水，所以姓姜。传说炎帝生下来就是牛头人身，三天能说话，五天会走路。他一生为百姓办了许多好事：教百姓耕作，百姓得以丰食足衣；为了让百姓不受病疾之苦，他遍尝百草，发明医药；为了让百姓懂得礼仪，他教育人们德、智，为后世所称道。可以说炎帝在历史传说中是与中华文明的出现分不开的一位神祇，因而一直受到历朝历代炎黄子孙的敬仰和祭祀。

与黄帝祭典一样，炎帝祭典也分为公祭和民祭两种形式，并且一直沿袭至今。据史料记载，盛大的祭典于宋代就"三岁一举"，明代不下 15 次，清代有 38 次之多。可见国家对炎帝祭典的重视。民祭的形式不一，因为地域不同，祭祀的时间也有所不同，有的祭祀活动要延续一个月。

炎帝祭典包括文祭、物祭、火祭、乐祭和龙祭五种形式，其中以龙祭最具特色。古时候，人们用稻草扎成龙形，外面裹上红布或黄布，拴上铁丝网兜，里面装有发光的炭球。舞动草龙时，焰火飞腾，繁星点点，十分壮观。如今，龙祭的种类和表现形式有了很大的发展，有代表 56 个民族的 56 节长龙、代表 5 大洲华夏儿女的 5 色龙、具有中国传统文化内涵的阳阴八卦龙……心情演绎源远流长的炎帝文化。炎帝祭典已成为传承炎黄文化、凝聚民族情感的重要载体。

> 妈祖被誉为"海上和平女神"。

妈祖祭典

古代的渔民在出海打鱼时都要拜一拜天妃，祈求航行平安顺利，很多人在船上还供奉着天妃的神像。天妃就是相传中的妈祖，她的真名叫林默，小名默娘。宋建隆元年（公元960年）农历三月二十三日，妈祖诞生于莆田湄洲岛。她从出生到满月都不啼哭，父母便给她起名为"默娘"。妈祖自幼聪颖，读书过目不忘，通天文、气象、医理，经常根据天气变化为渔民导航。宋太宗雍熙四年（公元987年）九月初九，妈祖因救助海难与世长辞。

妈祖去世后，人们非常怀念她，尊她为"海上女神"，为她在湄洲岛立庙祭祀，这就是世界上第一座妈祖庙，称为妈祖祖庙。后来，其他沿海地区也纷纷为妈祖立庙。发展到今天，全世界约有五千多座妈祖庙，由此可见妈祖在民间的地位之高。不仅如此，妈祖在宫廷中也享有盛誉。自南宋以来，历代帝王不仅对妈祖频频褒封，还由朝廷颁布谕祭。元代，曾三次派朝臣代表皇帝到湄洲致祭。明永乐年间，朝廷在南京天妃宫举行御祭，规模十分庞大。清康熙统一台湾后，又屡次派朝臣到湄洲祭祀妈祖，并号召天下行三跪九叩礼。至今，在每年的农历三月二十三，各地都要为妈祖举行祭典。

各地祭祀妈祖的祭典规模不一，以湄洲妈祖祭典来说，分为大、中、小三

↑ 妈祖是全世界华人心目中敬仰的海神。上图为供奉妈祖的天津天后宫。

被誉为"中国社火之乡"的地方是哪里？陕西宝鸡。

种，但大体程序都是相同的。祭典开始时，鸣炮、鸣钟、奏乐；主祭、与祭等各就各位，虔诚地上香、行三跪九叩大礼；最后"焚祝文、焚宝帛"，在香烟缭绕、钟鼓齐鸣、炮声震天中，祭典仪式完成。整个祭典过程，庄严肃穆。届时，会有好几万人聚集在妈祖祖庙之前，虔诚上香、膜拜、祈福。

妈祖祭典流传至今已有一千多年的历史了，在千余年的传播演绎中，妈祖信仰已经成为一种影响深远的妈祖文化。妈祖文化对世界华人有很强的凝聚力，特别是对东南亚地区有很大的影响。经过千年岁月的洗礼，妈祖文化已经成为中华民族传统文化的重要组成部分，并且成为沟通海内外华人文化的桥梁和精神纽带。

民间社火

社火是一种古老的风俗，在中国有着数千年的历史。社火源于远古时期人们对土地和火的崇拜，"社"为土神，"火"为火神，民

知识讲堂

社火脸谱是以人物的容貌和性格特征，用日月纹、火纹、旋涡纹、蛙纹等纹饰的不同组合表现人物的性格；以色彩来辨识人物的忠、奸、善、恶，红为忠，白为奸，黑为正，黄为残暴，蓝为草莽，绿为义侠，金为神，银为妖。

间认为他们可以保佑人们五谷丰登，国泰民安。最早关于"社火"的记载是宋代的《东京梦华录》："二郎庙前露台上设乐棚，有社火呈于露台之上。"可见，在宋朝时，民间就相当重视社火。

宋朝的社火包罗万象，气象万千，主要由祭祀、巫术、傩仪、百戏、参军戏、民间杂耍等组成。每逢农历正月初一至十五，村社便组织、举办社火，人们踊跃参加，逐渐形成为一种规模盛大的民间娱乐活动。发展到今天，有些地区依然十分重视社火，如陕西、山西等地，尤以陕西宝鸡地区的社火最为著名。

社火根据其表演形式可分为造型社火和表演社火两类，造型社火主要展示人物造型和工艺；表演社火主要在场院进行斗打表演。主要的社火种类有芯子社火、面具社火、高跷社火、血社火等。陕西宝鸡的面具社火非常有名，其面具造型奇特，色彩质朴明快，纹饰严格讲究，代表了面具社火的最高水准。宝鸡赤沙镇的血社火也是别具一格，这是全国唯一保留的一个血社火种类。赤沙镇血社火以《水浒传》中武松杀西门庆的故事为题材，表演的场面血腥、恐怖，但十分逼真，因此称为血社火。据说这个绝活是保密的，并且只传男不传女。

社火表演。社火经过之处，气氛热烈。

奇趣事实

> 庙会被誉为"中国人的狂欢节"。

庙会

庙会也称"庙市",是中国民间的一种岁时风俗,也是我国集市贸易形式之一。因为庙会多设在寺庙内及其附近,因此得名。庙会的渊源,可以追溯到古老的社祭。周朝时,民众为求风调雨顺,每年都要举行社祭。社祭时有舞乐表演,因此参与的民众极多。汉、唐以后,庙会向多元化发展,加入了佛、道教的宗教信仰和娱乐形式,经过明清的进一步完善发展,突出商贸功能,从而成为影响较大的民俗活动。

明朝时,北京以城西都城隍庙的庙会规模最大。庙会期间,灯火辉煌,大街小巷热闹非凡,百姓们争相拥向集市。集市上的商品琳琅满目,不仅有吃、穿、用等商品,还有各种珍奇异宝,连外国客商也来买卖。庙会上不仅有纯粹的商业活动者,还有很多表演大鼓、快书、杂技、魔术的民间艺人,他们为喧闹的庙会更增添了几分快乐的氛围。我国的很多文学、曲艺的形成都与庙会有关,由此可见,庙会所具有的人文气息之浓郁。

今天,庙会的许多习俗依然保留下来,如"行像"

🌸 早期的庙会仅是一种隆重的祭祀活动,庙会发展到今天,在保持祭祀活动的同时,逐渐融入集市交易活动,许多商人贩卖民间玩具和小食。因此,庙会又称为庙市,成为中国市集的一种重要形式。

"百废俱兴"这个成语的出处是什么?《岳阳楼记》。

活动和各种祈福活动等。"行像"就是把神佛塑像装上彩车,在城乡巡行的一种宗教仪式。祈福活动包括求子、求平安等。庙会一开,八方来拜,敬神上香,场面十分热闹。在庙会上还可以看到各种民间工艺品,如面塑、糖人、走马灯等。这些民间工艺做工精细,深深吸引了市井百姓。

庙会的传统小吃也是丰富多彩,北京的隆福寺庙会、上海的城隍庙庙会、南京的蒋王庙庙会都有一些各具特色的小吃。在各种庙会小吃中,最值得一提的是北京小吃。北京小吃历史悠久,它既有本地传统的汉族风味,又融合了满族和回族的民族风味,又有传自宫廷的御膳小食。老北京庙会的8款经典小吃是豆汁、扒糕、灌肠、茶汤、油茶、爱窝窝、老豆腐、豌豆黄。这些小吃风味独特,广受赞誉。

成语

"成语",是汉语中固定词语的主要代表。成语有固定的结构和用来表义的汉字,有特定的含义,可以直接在语言中使用。创造并运用大量成语,是汉语的一大特色,它起到了深化表达能力,便于沟通传播有关知识,节省文字,并使语言更生动形象的作用。

现代汉语中的成语,绝大部分是从古代汉语中继承过来的。每一个成语都有其来源和出处:一是古书古文中的词语,后来被广泛使用而成,如诲人不倦、威武不屈、约定俗成等;二是有纪念意义的历史事件,如草木皆兵、一鼓作气等;三是寓言或民间传说,如狐假虎威、刻舟求剑、画蛇添足等;四是人们口头流传的俗

知识讲堂

"完璧归赵"是一个脍炙人口的成语,出自《史记·廉颇蔺相如列传》。原句是:"城入赵而璧留秦;城不入,臣请完璧归赵。""完璧归赵"的意思原指蔺相如将和氏璧完好地自秦国送回赵国,后来比喻把原物完好地归还本人。

话,如郎才女貌、不三不四、虚情假意等。还有一些成语来源于宗教或外来语,如立地成佛、回头是岸等。汉语中的成语数量之多和含义之深刻,为其他语种所不及。

成语以四字一组为最多,如"欢天喜地""有声有色"等,这大概是因为四字容易上口的原因。但也有少量不足四字或多于四字的,如"莫须有""闭门羹""五十步笑百步""醉翁之意不在酒""青出于蓝而胜于蓝"等。成语的组成方式也有多种,如主谓、动宾、并列、偏正等。主谓式的成语有杞人忧天、胸有成竹等;动宾式成语有好为人师、莫名其妙等;并列式成语有千山万水、画蛇添足等;偏正式成语有倾盆大雨、窈窕淑女等。

歇后语

汉语中有一类常用的固定语句,一般分为两段。说的时候,先说前一段,等听的人问起,再说后一段,

> 楹联于2006年被列入国家级非物质文化遗产名录。

像猜谜语似的。有时索性只说前一段，后一段留给听的人去猜想。这种有趣的语句，就是歇后语。歇后语是中国人民在长期的生活实践中创造的一种特殊的语言形式，是一种短小、风趣、形象的语句。

据考证，"歇后"这一名称最早出现于唐朝。《旧唐书·郑綮列传》中就已提到过所谓"郑五歇后体"。但是，歇后语作为一种语言形式早在先秦时期就已出现了。例如，《战国策·楚策四》中有"亡羊而补牢，未为迟也"的记载，意思是说，丢失了羊再去修补羊圈，还不算太晚。这也就是今天流传的歇后语的雏形。

歇后语可以分成两种类型：一种是逻辑推理式的，说明部分是从前面比喻部分推理的结果。例如，哑巴吃黄连——有苦说不出、猪八戒照镜子——里外不是人等；还有一种是谐音的歇后语，在前面一种类型的基础上加入了谐音的要素。

例如，外甥打灯笼——照旧（舅）、孔夫子搬家——尽是输（书）等。

歇后语与成语、谚语相比，更加生活化、口语化，而且具有幽默诙谐的成分，往往隐含着讽刺、夸张、逗趣、比喻等语言技巧。运用歇后语，可以使语言表述得生动有趣，形象真切，耐人寻味，并有言简意赅的作用。

楹 联

楹联就是贴在楹柱上的联句，因古时多悬挂于楼堂宅殿的楹柱而得名。楹联的上句和下句相对，

所以也称为对联、对子。据《宋史·蜀世家》记载，五代后蜀主孟昶曾在岁除之日写了"新年纳余庆，佳节号长春"的桃符联语，挂在宫中迎春祈福，这被认为是对联的初例。由此算来，楹联已有千余年的历史了。

楹联的形式有许多种，比如，过春节时贴的叫春联，结婚时贴的叫婚联，祝

◆ 西安书院门牌楼两侧的楹联："碑林藏国宝，书院育人杰。"

被誉为"诗中之诗"的文学形式是什么？楹联。

你知道吗

每逢春节，家家户户都要贴上喜庆的春联，这已经成为了中国人过年的一项重要的节日习俗。

寿时贴的叫寿联，哀悼死者的叫挽联。在各种楹联中，以读书为主题的读书联以其书香之气和深刻意义历来备受文人墨客和广大群众所钟爱。读书联或自勉，或赠友，或感事，或抒怀，在我国文学史上具有重要地位。历史上著名的读书联有很多，比如，东林书院门前的一副楹联："风声雨声读书声，声声入耳；家事国事天下事，事事关心。"这是一代大儒顾炎武写下的，旨在倡导天下文人心系国家安危，以天下为己任。唐代大书法家颜真卿也有一副名联："黑发不知勤学早，白首方悔读书迟"，被后世誉为励志劝学的名篇。此外，还有一些关于闲情雅趣的对联也很著名，比如《红楼梦》中的"宝鼎茶闲烟尚绿，幽窗棋罢指犹凉"、《菜根谭》中的"宠辱不惊，闲看庭前花开花落；去留无意，漫随天外云卷云舒"等。

楹联是中国特有的文学形式，一般由两个工整的对偶句构成。楹联的基本特征是字数相等，对仗工整，合乎格律，铿锵有韵。请看湄洲妈祖祖庙的楹联："四海恩波颂莆海，五洲香火祖湄洲。"在词性方面，联中"四海"对"五洲"，"恩波"对"香火"，"莆海"对"湄洲"，都是名词相对。"颂"对"祖"是动词相对，其中"祖"是意动用法。在语句结构上，上联"四海恩波"与"颂莆海"是主谓结构，且"四海"与"恩波"是偏正结构，"颂"与"莆海"是动宾结构。上下两句对仗十分工整，又符合韵律。

楹联看似短小、简单，实际上蕴藏的学问却十分广博，称得上是联海无涯，博大精深；并且，楹联历来与书法艺术相结合，可以让人们在翰墨之中品味美文的诗情哲理，是人文艺术最完美的体现。

奇趣事实

>中国被誉为"第一杂技大国"。

相声

在中国，很少有人不知道相声、不喜欢相声的。相声是笑的艺术，是曲艺中最具喜剧特征和幽默品格的一种。一段好的相声，能不断让人开怀大笑，给生活增添极大的乐趣，因而它成为中国现代曲艺中传播最广、受众最多、影响最大、最受欢迎的曲种。

相声是用北京语音演说的全国性曲种，起源于北京，广泛流行于全国各地。相声历史悠久，其艺术渊源可追溯到周秦时代的俳优、六朝及唐代的参军戏。当时二人对逗引人发笑，可视为古代的相声。明代以后称为"象声"的"隔壁戏"和说笑话也非常普遍。现代相声形成于清代乾隆时期，最初在京、津等地流行，民国年间流传至南方。

相声的表演形式有三种。早期主要是一人说演的"单口相声"，内容多为小笑话或幽默故事；后来出现了两人合作的"对口相声"，二人分别称作"逗哏"和"捧哏"，通过对话制造笑料，此种形式最为常见和普遍；另有三人或多人表演的"群口相声"，一人"逗"，多人"捧"。表演内容以表现讽刺与幽默见长，但也有歌颂性和知识性的节目。

相声的艺术手段有"说、学、逗、唱"四要素。"说"是主要手段和表演基

东汉陶制说书俑

础，包括说故事、笑话、正反话、俏皮话、说字义、猜灯谜、说酒令、绕口令等；"学"是模仿，学人言鸟语、市声叫卖、方言乡音；"逗"是逗哏，抓哏取笑、风趣逗乐、插科打诨，构成其喜剧风格；"唱"是学唱，唱戏曲小调、电影插曲、流行歌曲等。相声的特殊艺术手段是组织"包袱"，即经过反复铺垫后，突然展现出来的笑料，让人感到既在意料之外，又在情理之中。常用的"包袱"手段有误会巧合、谐音双关、荒诞夸张、歪批曲解等。

杂技

杂技，从字面上讲，就是各种技艺、技巧。从艺术

知识讲堂

口技是杂技表演的一个门类，也称"口戏"，是中国杂技的传统项目。表演时，演员用口加上一些简单的道具模仿生活中的各种声音，如飞禽走兽的叫声、小孩哭声、水流声、机器轰鸣声，海啸松涛，雷鸣雨打，几乎无所不能。

我国现代曲艺中流传最广的曲种是什么？ 相声。

门类上讲，杂技是人体进行各种超凡技艺的表演艺术，也可以说是人体的特技。"杂技"这个词，最早见于《汉出·武帝纪》的注："两两相角力，角技艺，射御，故名角抵，盖杂技乐也。"也有的书上称"杂伎"。从汉代到宋代一千多年的时间里，人们把杂技叫"百戏"，而元明清时代，又常称为"把戏"。直到20世纪50年代后，才正式用"杂技"为之命名。

杂技在中国是历史最悠久的表演艺术之一，大约在新石器时代就已经有了萌芽。它起源于人们在劳动、狩猎和打仗中的一些动作，加以技巧和艺术化后，在休息和娱乐时表演。比如

古代的"角抵"，是早期杂技最普遍的一种。据考证，它是从古代战争中演化而来的。当年黄帝与蚩尤两个部落发生战争，据说蚩尤的兵将头上长角，十分凶猛，但最后仍被黄帝打败。人们就模仿战斗场面，头戴牛角，相互顶抵，较量力气，称为"角抵戏"。后来，这种技艺又发展成以显示力量为主的各种"力技"，如举重、角斗、拉弓等等。

我国的杂技已有几千年的历史，技艺也不断发展翻新，种类繁多，最基本的项目有形体技、腾翻技、手技、踢技、力技、蹬技、车技、口技，高空、乔装、魔术等。在世界上，中国杂技独树一帜，有着

杂技

非常高的地位。中国杂技具有鲜明的特色，概括起来，主要有四个方面：一、注重人体功夫。演员在手、臂、脚、腿、腰、胸、头、颈等各部位都有绝活。二、讲究技巧技能。不单纯追求惊险和场面宏大，而是险中见技艺，以高难动作取胜。三、富于生活气息，活泼有趣，气氛轻松。四、继往开来，不断创新。许多节目自古就有，却又不断变化，增进新的内容，使之更加精彩。

杂技艺术在汉代统称"百戏"，因杂技演出有歌舞配合、乐器伴奏，又称"乐舞百戏"。左图为东汉晚期的《乐舞百戏图》局部。

> 围棋水平的高低用段位来表示，九段为最高。

围棋

围棋是中华民族传统文化中的瑰宝，它体现了中华民族对智慧的追求，古人常以"琴棋书画"论及一个人的才华和修养，其中的"棋"指的就是围棋。

围棋在我国古代称为弈，下围棋称为对弈。据《世本》的记载，围棋为尧所造。相传上古时期尧平息各部落后，人民生活呈现出一派繁荣兴旺的景象。但有一件事让尧很头疼，那就是他的儿子丹朱不思进取。为了让儿子能够专心学习，尧想了一个好办法。尧在一块

山石上用力刻画了纵横十几道的方格子，把石子摆在方格子上当棋子，教丹朱下石子棋。石子棋包含着很深的治理百姓、军队、山河的道理，后来，舜也学尧的样子，用石子棋教其子商均。

在整个古代棋类中，围棋可以说是棋之鼻祖，相传已有四千多年的历史。据考证，围棋在春秋、战国时期就已广泛流传了。《左传》中曾这样记载："弈者举棋不定，不胜其耦。"可见，围棋活动在当时社会上已经很常见。后来，人们便用"举棋不定"这个围棋术语

来比喻政治上的优柔寡断。秦汉时期的围棋与现在的棋局形制完全相同，反映出当时的围棋已初步具备现行围棋定制。唐宋时期是围棋的繁荣昌盛时期，唐代时围棋还走出了国门，对其他国家产生了深远影响。到了明清两代，围棋的流派纷起，并涌现出大量围棋谱，弈学也随之繁盛起来。至今，围棋在我国仍然长盛不衰，并已发展成为一种国际性的文化竞技活动。

文人讲究文风，弈者注重棋风。下围棋有约定俗成的规矩：一是不看重输赢，不计较胜负，更不能进行有偿比赛。否则反会影响情绪，有悖休闲的目的。二是

↑ 围棋的棋子和棋盘。围棋棋盘隐含奥妙，围棋的棋子也蕴藏玄机。

象棋的发源地是哪里？中国。

不要悔棋、赖棋，讲究君子之风，才能使心境自然。观棋者以静观为好，不要乱出主意或指责。所谓"观棋不语真君子，落子无悔大丈夫"。三是不要聚众扰民。下棋的目的是休闲养性，如果引起了群众的围观和骚动是不值得提倡的。

象棋

象棋在我国有着悠久的历史，据推断，象棋产生于周代建朝（公元前11世纪）前后中国南部的氏族地区。战国时期已经有关于象棋的记载，如《说苑》中有"燕则斗象棋而舞郑女"的语句，说明在战国时期象棋已经流传开来。隋唐时期，象棋活动进一步普及，至北宋时期形成近代象棋的模式。

象棋的棋盘以"河界"分为相等的两部分，这种分法是以楚汉争霸时项羽和刘邦划分的"楚河汉界"来命名的。象棋共有32枚棋子，分为红黑两组，各有16个，由对弈的双方各执一组。兵种是一样的，分为7种：帅（将）、仕、相（象）、车、马、炮、兵（卒）。象棋棋子的划分与我国古代的政治制度有关。象棋所反映的政治制度是中国封建社会的缩影，比如，象棋中的"仕"代表封建官职中的士位，"相"代表文官，"车、马、炮"代表武将，"兵"代表士兵。

我国古代的文人雅士把下象棋作为一大雅趣，宋代文学家刘克庄、明代画家唐寅、清代文人袁枚都嗜好下象棋。历史上还留下了众多关于象棋的诗句，如北宋理学家程颢的"中军八面将军重，河外尖斜步卒轻。却凭纹楸聊自笑，雄如刘项亦闲争"，清代书画家刘墉的"冲车驰突诚难御，飞炮凭陵更逸群。士也翩翩非汗马，也随彼相录忠勤"等。至今，人们仍把下象棋作为怡情养性的一种方式。

象棋由于用具简单，趣味性强，成为流行极为广泛的一种棋艺活动。

> 川菜在国际上享有"食在中国，味在四川"的美誉。

烹饪

俗话说，"民以食为天"。自古以来，中国人就讲究"吃"，好吃，会吃，并且形成了具有中国特色的饮食文化，创制了独具特色的烹饪技术。大概在周朝的时候，中国人就已有了成熟的烹饪法，对制作食品的理论进行了归纳总结。随着食品的丰富和用具的改进，人们发明了煮、熬、烧、烤、渍、蒸、炒、炸、烙、煎、贴、炖、泡、腌、拌、涮等方法，对各类食物进行加工，做出了千变万化的中国菜。"吃在中国"，世界各国都承认这一点。

中国菜因有地域和风格的不同，形成了不同的菜系，其中影响最大的号称"四大菜系"或是"八大菜系"。"四大菜系"的形成历史较早，是指川菜、鲁菜、粤菜和淮阳菜。后来，浙、闽、湘、徽等地方菜也逐渐出名，于是形成了我国的"八大菜系"。每种菜系的形成都受到当地自然地理、气候条件、资源特产、饮食习惯、历史文化等影响，因此各具千秋。有人这样形容"八大菜系"：苏、浙菜好比清秀素丽的江南美女；鲁、

皖菜犹如古拙朴实的北方汉子；粤、闽菜宛如风流典雅的公子；川、湘菜就像内涵丰富、才艺满身的名士。细细品味，这个比喻还真是形象呢！

无论是"四大菜系"，还是"八大菜系"，人们首先想到的往往是"川菜"。川菜是中国西南方四川一带菜系。勤劳智慧的巴蜀人民，丰富厚重的巴蜀文化是川菜形成的背景。早在春秋时期，川菜就略具雏形，经过秦汉、两晋、隋唐五代的发展，已经相当闻名，至今影响深远。川菜用料广博、

川菜风味以清、鲜、醇、浓并重，并以麻辣著称。左图为川菜麻婆豆腐。

鲁菜中的"孔府风味"菜以哪个区域为代表？曲阜。

↑ 鲁菜爆炒腰花

味道多样、菜肴适应面广、变化巧妙。川菜麻辣辣椒与其他辣味料合用，光是辣味就有干香辣、酥香辣、油香辣、芳香辣、甜香辣、酱香辣等十种以上。川菜拥有四千多个菜肴点心品种。分为筵席菜、便餐菜、家常菜、三蒸九扣菜、风味小吃5个大类。烹饪方法更是多种多样，花样翻新，仅仅是一般厨师常用的基本烹饪技法就有三十多种。川菜的名品如宫保鸡丁、酸辣汤、麻婆豆腐、鱼香肉丝、三鲜锅巴等，已经成为名地饭馆的常备菜。

鲁菜是起源于山东洛南和胶东一带的菜系，在北方各地十分流行，以济南菜和胶东菜为代表。济南菜指济南、德州、泰安一带的菜肴，胶东菜起源于福山，包括青岛、烟台一带。鲁菜烹调手法擅长爆、烧、炒、扒、蒸、焖，菜品突出清、鲜、脆、嫩，口味偏重。传统鲁菜中的清汤、奶汤相当有名。鲁菜中有些品种用料很贵重，如选用燕窝、鱼翅、银耳、鲍鱼、海参等做原料，做出了许多高档大菜，很有名气，如清蒸鱼翅、原壳鲍鱼等。

粤菜是产于广东一带的菜系。广东地处海边，又是亚热带气候，所以粤菜凭借得天独厚的优势，以"鲜"为主要特色。粤菜讲究一个"细"字，以烹饪方法考究、技巧细腻闻名中外。粤菜善用烧、煲、炒、炸、清蒸、白灼等多种工艺，以口味清淡见长。粤菜还有一个重要特点就是重汤，餐厅几乎都有五六种以上的汤品让你挑。而生猛海鲜更是品种繁多，做法各异，令就餐者挑都挑不过来。粤菜点心种类相当齐全，样式精巧，做工细致，两三个一笼、三五个一盘。粤菜中的传统名菜有脆皮烤乳猪、龙虎斗、烩蛇羹等。

↓ 粤菜最大的特点为"花款多、味道鲜"，很少有辣的菜色。

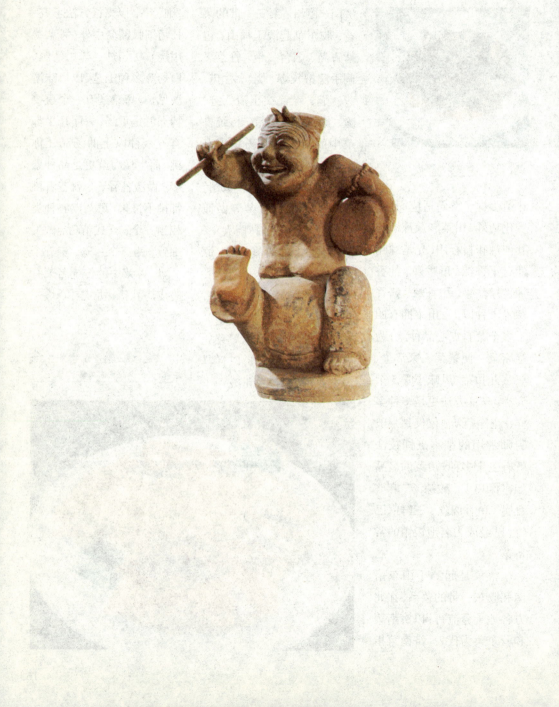